Friedrich Hoffmann

Betriebswirtschaftliche Organisationslehre in Frage und Antwort

Betriebswirtschaftliche Organisationslehre in Frage und Antwort

Von

Dr. Friedrich Hoffmann

o. Professor an der Universität Augsburg

Betriebswirtschaftlicher Verlag Dr. Th. Gabler · Wiesbaden

ISBN 3 409 31044 4

Copyright by Betriebswirtschaftlicher Verlag Dr. Th. Gabler, Wiesbaden 1976

Statt eines Vorwortes:
Wozu und wie dieses Buch zu gebrauchen ist

Dieses Arbeitsbuch will dem Studierenden, dessen Studiengang auch über die betriebswirtschaftliche Organisationslehre führt, und dem interessierten Leser meines Buches „Entwicklung der Organisationsforschung" den Zugang zu den dort dargestellten Problemkreisen und Erkenntnissen einer anwendungsorientierten Organisationstheorie und -forschung erleichtern. Die grundlegenden Begriffe, Probleme und Aussagen werden hier in miteinander verknüpften, überschaubaren Lernschritten aufbereitet. Diese sind in acht thematisch geschlossenen Lernblöcken zusammengefaßt. In Anlehnung an die „Entwicklung der Organisationsforschung" werden nach den wissenschaftstheoretischen und begrifflichen Grundlagen die Hauptrichtungen der Organisationslehre und -theorie behandelt. Ein Abschlußtest mit 9 übergreifenden und fallbezogenen Fragen gibt Gelegenheit, das Gelernte aus anderer Perspektive zu überprüfen.

Die zum Teil von der „Entwicklung der Organisationsforschung" abweichende Stoffanordnung innerhalb der Blöcke, Querverweise zwischen den Lernschritten und einige im Textbuch nicht angeschnittene Fragen sollen andere Blickwinkel eröffnen und Stolpersteine in geistige Trampelpfade legen. Deshalb wurde auch im Abschnitt „Bausteine systemorientierter Organisationsgestaltung" darauf verzichtet, Einzelergebnisse der neueren, empirischen Organisationsforschung in Frage und Antwort zu verabsolutieren.

Dieses Arbeitsbuch will helfen sich zurechtzufinden und Anregungen für eigene Studien liefern. Es kann und will jedoch angesichts der Dynamik wissenschaftlicher Erkenntnisgewinnung keine abschließenden Antworten geben. Die Lektüre der „Entwicklung der Organisationsforschung" und vertiefender Literatur kann es nicht ersetzen.

Wenn Sie nun die Seiten durchblättern, werden Sie feststellen, daß für jeden B l o c k (B) zunächst nur F r a g e n (F) und (meist) L ö s u n g s h i n w e i s e aufgeführt sind (Erster Teil). Erst dann folgt die Reihe der vollständigen F r a g e n   u n d   A n t w o r t e n (Zweiter Teil). Diese Trennung soll Ihnen sowohl selbständiges, intensives Erarbeiten der Lerninhalte als auch eine wirksame Selbstkontrolle der Kenntnisse ermöglichen.

Beim erstmaligen Durcharbeiten beginnen Sie am zweckmäßigsten mit Lernblock 1. Wenn Sie nur Ihre Kenntnisse in einem Teilbereich überprüfen möchten, können Sie direkt mit dem betreffenden Block beginnen. Das folgende Schaubild zeigt Ihnen, wie es weitergeht.

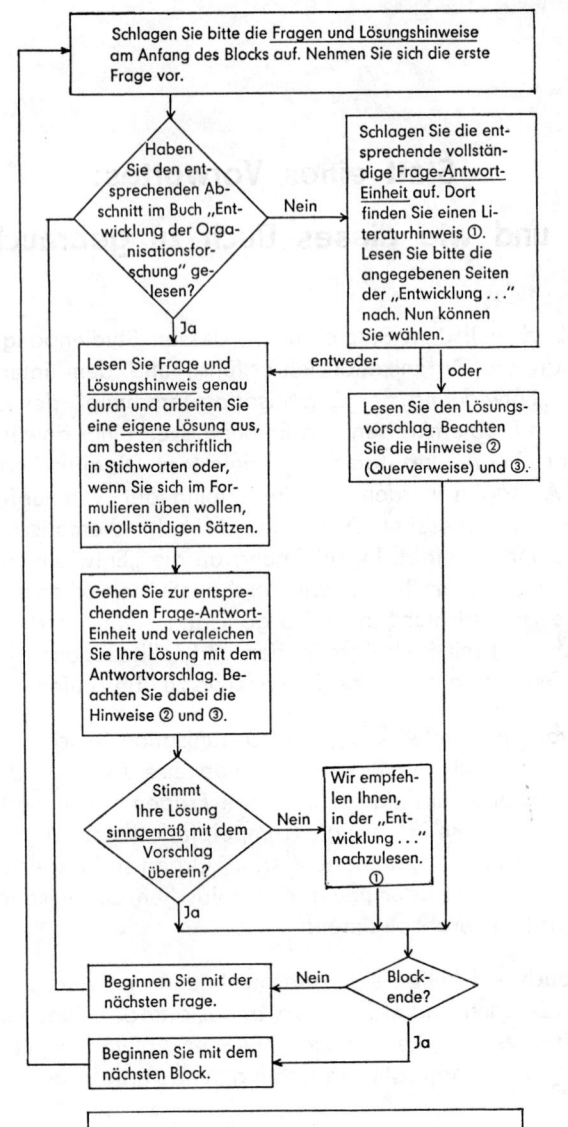

```
┌─────────────────────────────────────────┐
│ Schlagen Sie bitte die Fragen und       │
│ Lösungshinweise am Anfang des Blocks    │
│ auf. Nehmen Sie sich die erste Frage    │
│ vor.                                    │
└─────────────────────────────────────────┘
                    │
                    ▼
              ╱ Haben    ╲
             ╱ Sie den    ╲          ┌──────────────────────┐
            ╱ entsprechen- ╲  Nein   │ Schlagen Sie die ent-│
           ╱ den Abschnitt  ╲───────▶│ sprechende vollstän- │
           ╲ im Buch „Ent-  ╱        │ dige Frage-Antwort-  │
            ╲ wicklung der╱          │ Einheit auf. Dort    │
             ╲ Organisa- ╱           │ finden Sie einen Li- │
              ╲tionsfor-╱            │ teraturhinweis ①.    │
               ╲schung"╱             │ Lesen Sie bitte die  │
                ╲gelesen╱            │ angegebenen Seiten   │
                 ╲    ╱              │ der „Entwicklung..." │
                  ╲ Ja                │ nach. Nun können     │
                   │                 │ Sie wählen.          │
                   ▼                 └──────────────────────┘
   ┌──────────────────────┐   entweder           │ oder
   │ Lesen Sie Frage und  │◀──────────           ▼
   │ Lösungshinweis genau │           ┌──────────────────────┐
   │ durch und arbeiten   │           │ Lesen Sie den Lösungs│
   │ Sie eine eigene      │           │ vorschlag. Beachten  │
   │ Lösung aus, am besten│           │ Sie die Hinweise ②   │
   │ schriftlich in Stich-│           │ (Querverweise) und ③.│
   │ worten oder, wenn Sie│           └──────────────────────┘
   │ sich im Formulieren  │
   │ üben wollen, in voll-│
   │ ständigen Sätzen.    │
   └──────────────────────┘
                   │
                   ▼
   ┌──────────────────────┐
   │ Gehen Sie zur ent-   │
   │ sprechenden Frage-   │
   │ Antwort-Einheit und  │
   │ vergleichen Sie Ihre │
   │ Lösung mit dem Ant-  │
   │ wortvorschlag. Be-   │
   │ achten Sie dabei die │
   │ Hinweise ② und ③.    │
   └──────────────────────┘
                   │
                   ▼
            ╱ Stimmt  ╲
           ╱ Ihre Lösung╲    Nein    ┌──────────────────┐
          ╱ sinngemäß mit╲──────────▶│ Wir empfehlen    │
          ╲ dem Vorschlag╱           │ Ihnen, in der    │
           ╲ überein?  ╱             │ „Entwicklung..." │
            ╲        ╱               │ nachzulesen. ①   │
              │ Ja                   └──────────────────┘
              │                                │
              ▼                                ▼
   ┌──────────────────────┐  Nein      ╱ Block- ╲
   │ Beginnen Sie mit der │◀──────────╱  ende?  ╲
   │ nächsten Frage.      │           ╲         ╱
   └──────────────────────┘             ╲     ╱
                                         │ Ja
                                         ▼
   ┌──────────────────────┐
   │ Beginnen Sie mit dem │
   │ nächsten Block.      │
   └──────────────────────┘
```

┌───┐
│ ① Die über den Antwortvorschlägen stehenden Sei-   │
│   tenhinweise, z. B. (14, 16), beziehen sich auf   │
│   die 2. Auflage der „Entwicklung der Organisa-   │
│   tionsforschung", Wiesbaden 1976.   │
│ ② Im Antworttext finden sich manchmal Querver-   │
│   weise zu anderen Lerneinheiten im selben Block   │
│   (→ F 8, 10) oder in einem anderen (z. B. im   │
│   zweiten) Block (→ B 2 / F 43).   │
│ ③ Die Lösungsvorschläge enthalten, was uns wesent-   │
│   lich erscheint, sind jedoch keine „letzten Wahr-   │
│   heiten". Sie sollen Ihnen nicht zuletzt zeigen,   │
│   wie man systematisch eine Lösung erarbeitet. Prü-   │
│   fen Sie immer, ob Ihre Antwort nicht besser oder   │
│   klarer ist.   │
└───┘

Bevor Sie jedoch frisch ans Werk gehen, möchte ich meinen Mitarbeitern am Lehrstuhl danken, ohne die dieses hoffentlich nützliche Buch nicht vor Ihnen liegen würde, besonders Herrn Dipl.-Oec. Rainer Burkhardt, der die Konzeption weitgehend mitgestaltet und ausgearbeitet hat, Herrn Dipl.-Oec. Peter Kuhn für seine konstruktiven Beiträge bei der kritischen Überarbeitung des Manuskriptes, den Herren Dr. Rolf Bühner und Dr. Dirk Meissner für ihre wertvollen Anregungen und meiner Sekretärin, Frau Maria-Therese Rieger, für ihre Geduld und Präzision bei der Reinschrift des Manuskriptes.

FRIEDRICH HOFFMANN

Inhaltsverzeichnis

ERSTER TEIL

Fragen und Lösungshinweise

- I. Grundlagen der Organisationsforschung 13
  - A. Wissenschaftstheoretische Probleme · **Block 1** 13
  - B. Begriff der Organisation · **Block 2** 19
- II. Klassische Organisationsansätze · **Block 3** 20
- III. Neoklassische Organisationsansätze · **Block 4** 22
- IV. Entscheidungsbezogene Organisationsansätze 26
  - A. Mathematisch-statistische Ansätze · **Block 5** 26
  - B. Verhaltenswissenschaftliche Ansätze · **Block 6** 32
- V. Systembezogene Organisationsansätze 37
  - A. Grundlagen und Grundprobleme · **Block 7** 37
  - B. Bausteine systemorientierter Organisationsgestaltung · **Block 8** . . 42
- VI. Abschlußtest 48

ZWEITER TEIL

Fragen und Antworten

- I. Grundlagen der Organisationsforschung 53
  - A. Wissenschaftstheoretische Probleme · **Block 1** 53
  - B. Begriff der Organisation · **Block 2** 71

II. Klassische Organisationsansätze · **Block 3** 75

III. Neoklassische Organisationsansätze · **Block 4** 83

IV. Entscheidungsbezogene Organisationsansätze 99
    A. Mathematisch-statistische Ansätze · **Block 5** 99
    B. Verhaltenswissenschaftliche Ansätze · **Block 6** 119

V. Systembezogene Organisationsansätze 136
    A. Grundlagen und Grundprobleme · **Block 7** 136
    B. Bausteine systemorientierter Organisationsgestaltung · **Block 8** . . 156

VI. Abschlußtest 179

Erster Teil

Fragen und Lösungshinweise

I. Grundlagen der Organisationsforschung

A. Wissenschaftstheoretische Probleme   Block 1

1. Was ist Wissenschaft?

2. Welche Bedeutung haben w i s s e n s c h a f t s p r o g r a m m a t i s c h e Entscheidungen?

   drei Grundgrößen wissenschaftlicher Arbeit

3. Welche Aufgaben hat die W i s s e n s c h a f t s t h e o r i e ?

   Prozesse der Erkenntnisgewinnung; Methodologie

4. Welche grundlegenden Zielsetzungen verfolgen wissenschaftliche Aussagen?

   allgemeine, spezielle Zielsetzungen

5. Erläutern Sie den Unterschied zwischen realanalytischen und operationsanalytischen Aussagen.

   Zielsetzung, Erkenntnisobjekt, Wahrheitskriterium

6. Erklären Sie die folgenden Bestandteile realanalytischer Satzsysteme: nomologische Hypothesen und singuläre oder Individualsätze. Geben Sie Beispiele.

   Geltungsbereich; Protokoll-, Basissätze, Randbedingungen

7. Zu welcher Klasse von Aussagen gehört der Satz „Von 1965–1974 weisen alle Einkaufsabteilungen der deutschen Textilindustrie eine hohe Kontrolleffizienz auf"? Wie läßt er sich in eine nomologische Hypothese umwandeln?

   Raum-Zeit-Bezug

8. Was ist eine (realwissenschaftliche) T h e o r i e (eine Quasi-Theorie)?

9. Erläutern Sie den Unterschied zwischen Erklärung und Prognose.

    Explanandum, Explanans

10. Was versteht man unter t e c h n o l o g i s c h e r   T r a n s f o r m a t i o n?

    Mittel-Zweck, Möglichkeitsanalyse

11. Wie lassen sich empirisch fundierte Lösungen für reale Entscheidungsprobleme ableiten?

    real-praxeologisches Aussagensystem

12. Welche Rolle kommt der Sprache im wissenschaftlichen Forschungsprozeß zu?

    Aussagen: Theorie, Anwendung

13. Wodurch unterscheiden sich künstliche und natürliche, deskriptive und präskriptive Sprache?

    Begriff der Sprache; Realitätsbezug; Aussageninhalt

14. Kennzeichnen Sie die Stellung der betriebswirtschaftlichen Organisationslehre innerhalb der Wissenschaften.

    Realitätsbezug; Aspekt-, Problemorientierung

15. Welche Konsequenzen ergeben sich aus den Kriterien der analytischen Wissenschaftstheorie für die betriebswirtschaftliche Organisationsforschung?

    Qualität der Aussagen, Vorgehensweise

16. Systematisieren Sie den Prozeß der Organisationsforschung zur Ableitung wissenschaftlich fundierter Gestaltungsempfehlungen.

    idealtypischer Ablauf, Erkenntnisstufen, Iterationen

17. Welche Bedeutung hat die Explorationsphase für die Erkenntnisgewinnung?

18. Welche Anforderungen sind an wissenschaftliche B e g r i f f e zu stellen?

    theoretische Relevanz, Ersatzkriterien

19. Worin liegt die Bedeutung des M e s s e n s für die Entwicklung einer leistungsfähigen Fachsprache? Welche Meßskalen lassen sich unterscheiden?

    Definition; Operationalisierung von Begriffen

20. Wie unterscheiden sich direktes und indirektes Messen?

    Objekt, Indikatoren

21. Diskutieren Sie die Zweckmäßigkeit einer Quantifizierung organisatorischer Aussagen.

    mathematische Verfahren, Komplexität, Quantifizierbarkeit

22. Welche Rolle spielen T a x o n o m i e n für die Theoriebildung?

    Definition; Vereinfachung; vergleichende Analysen, typengebundene Organisationsforschung

23. Was wird unter M o d e l l e n verstanden?

    Abbildung, Objektbereich, Zeichensystem

24. Welche Modelltypen lassen sich unterscheiden?

    Kriterien: Zeichensystem, Realitätsbezug

25. Welche theoretische Funktion haben Modelle?

    realwissenschaftliche Modelle, Vorstufe zur Theorie.

26. Was versteht man unter F o r m a l i s i e r u n g einer Theorie?

    Prozeß, Struktur

27. Diskutieren Sie die Zweckmäßigkeit der Formalisierung von Theorien.

    Ableitungen, Logik, Hypothesenfindung, Verschleierung, empirische Gültigkeit

28. Wovon hängen der Informationsgehalt und die praktische Verwertbarkeit von Hypothesen ab? Geben Sie ein Beispiel!

    Falsifikatoren, Allgemeinheit, Präzision

29. Was bedeutet Axiomatisierung einer Theorie? Welche Gründe sprechen dafür?

    spezielle – allgemeine Hypothesen (Axiome) – Theoreme; Anwendungsbereich, Theorieprüfung

30. Erläutern Sie die grundsätzlichen Möglichkeiten der Theorieprüfung.

    logisch: alternative Theorie, interne Widersprüche; empirisch: Realität (Falsifikation)

31. Welche Probleme stellen empirische Prüfung und Anwendung organisationstheoretischer Aussagen?

    stochastische Gesetzmäßigkeiten, induktive Wahrscheinlichkeit, unvollkommene Prognosen; keine strenge Falsifikation

32. Wie läuft die empirische Hypothesenprüfung ab?

    Vorüberlegungen, Durchführung (drei Schritte)

33. Beurteilen Sie die Wirtschaftlichkeit des Erkenntnisfortschritts aus theoretischer und pragmatischer Sicht.

    Unterschiede: Bedeutung der Kosten, Kriterien für Erkenntnisnutzen

34. Welche Methoden sind in der Organisationsforschung bevorzugt anzuwenden?

    Forschungssituation, Wirtschaftlichkeit

35. Wie unterscheiden sich Feldstudien, Experimente und Simulation?

   Realität, kontrollierte Situation, mathematisches Modell

36. Vergleichen Sie Befragung, Beobachtung, Dokumentenanalyse.

   Kriterien: Informationsbeschaffung, direkt gemessene Ereignisse, Grenzen, Anwendungsschwerpunkte

37. Welche Rolle spielt das E x p e r i m e n t in der Theoriebildung und -überprüfung? Nennen Sie Vorzüge und Schwachstellen.

   Genauigkeit, geringe Allgemeinheit, heuristische Funktion, Feldexperiment: Störwirkung

38. Wie kann die S i m u l a t i o n in der Organisationsforschung eingesetzt werden?

   illustrative, deskriptive, normative, Mensch-Maschine-Simulation; analytische und synthetische S., Beurteilung der S.

B. Begriff der Organisation   Block 2

39. Skizzieren Sie die unterschiedlichen betriebswirtschaftlichen Auffassungen von Organisation.

    funktional, institutional; drei Entwicklungsstufen

40. Was besagt das Substitutionsprinzip der Organisation?

    Organisationsbegriff von Gutenberg, Tendenz zur generellen Regelung (wann?)

41. Grenzen Sie Organisation, Improvisation und Disposition voneinander ab.

    Geltungsbereich, -dauer, Anwendungen

42. Worin besteht das Problem des organisatorischen Gleichgewichtes?

    Organisationsgrad (Organisation/Disposition); Über-, Unterorganisation

43. Inwiefern geht Grochla über den Organisationsbegriff von Kosiol hinaus?

    Humanbereich, Sachmittelsysteme

44. Wie unterscheiden sich Bogdanow, Plenge und Stefanic-Allmayer hinsichtlich des organisatorischen Erkenntnisobjektes?

    Objektbereich, Allgemeinheit

45. Was bedeutet: Organisation als Treffen von Meta-Entscheidungen?

    Meta- und Objektentscheidungen, Organisation als Meta-Entscheidungstatbestand

46. Welche Merkmale kennzeichnen den soziologisch beeinflußten Organisationsbegriff?

    soziales Interaktionsmuster (fünf Merkmale), zielgerichtetes Sozialsystem

47. Wie lassen sich die beiden Auffassungen: „Die Unternehmung h a t und i s t eine Organisation" verbinden? Was spricht dafür?

   umweltbezogene Struktur(ierung); Kriterien: Präzision, Sicherheit, Problemorientierung

II. Klassische Organisationsansätze   Block 3

48. Wie läßt sich die Vielfalt organisationswissenschaftlicher Ansätze klassifizieren?

    Kirsch/Meffert, Grochla, Scott

49. Auf wen gehen die klassischen Organisationstheorien zurück?

50. Wie geht die „Scientific-Management-Bewegung" das Organisationsproblem an?

    systematisch, mechanistisch

51. Wie unterscheiden sich die administrativen Ansätze von Taylor und Fayol?

    Funktionsmeister, Einheit der Auftragserteilung

52. Welches Konzept liegt den Weiterentwicklungen des administrativen Ansatzes zugrunde?

    Formal-Soll, Analyse, Synthese

53. Arbeiten Sie die Grundzüge des Ansatzes von K o s i o l heraus.

    gedankliche Abstraktion; Aufbau: Aufgabenanalyse (Prinzipien), Aufgabensynthese (fünf Teilsysteme, Stelle); Ablauforganisation: Arbeitsanalyse, -synthese

54. Was versteht man unter Z e n t r a l i s a t i o n bzw. Dezentralisation?

    Definition; (De-)Zentralisationsobjekt, -ziel, -prinzipien

55. Erläutern Sie die Begriffe: Instanz und Abteilung.

    Leitung

56. Welche idealtypischen Merkmale kennzeichnen eine S t a b s stelle?

    Verhältnis zur Instanz und anderen Stellen (4 Merkmale)

Klassische Organisationsansätze · Block 3

57. Was versteht man unter einem K o l l e g i u m?

58. Was bedeuten: Arbeitsgang, Gangfolge, Takt?

59. Welche Zielsetzung hat die Ablauforganisation?

    Zweck, Dilemma der Ablaufplanung

60. Welche Schritte umfaßt die A r b e i t s v e r t e i l u n g?

    Arbeitsgänge, Arbeitsbesetzung

61. Erläutern Sie Zielsetzung und Vorgehensweise der A r b e i t s v e r e i n i g u n g.

    zeitliche Abstimmung; Gangfolgen, Taktabstimmung, organisatorische Lager

62. Welche Merkmale kennzeichnen das B ü r o k r a t i e m o d e l l?

    Idealtypus, Soll-Schema; Arbeitsteilung, Arbeitsablauf, Kommunikation, Koordination, Mitarbeiterbeziehungen

63. Inwiefern ist die Erklärungskraft der klassischen Organisationsmodelle eingeschränkt?

    Prämissen über Umwelt, Mensch, Sachmittel, Ziele; Trennung Aufbau – Ablauf

64. Wie läßt sich der Realitätsbezug der klassischen Ansätze erhöhen?

    Bleicher: simultane und sukzessive Verteilungssystemgestaltung; Wild: Aktionsanalyse und -synthese

65. Welcher Stellenwert kommt den klassischen O r g a n i s a t i o n s g r u n d s ä t z e n für Theorie und Praxis zu?

    Kritik (Operationalität, empirischer Gehalt); Theoriebildung, Handlungserfolg

66. Beurteilen Sie den wissenschaftlichen Aussagegehalt des klassischen Organisationsansatzes.

    begrifflich-theoretischer Bezugsrahmen, ideale Beschreibungsmodelle; vor-theoretisch

III. Neoklassische Organisationsansätze Block 4

67. Kennzeichnen Sie die neoklassischen Ansätze anhand ihrer Objektbereiche und Erkenntnisziele!

    Organisation als soziales Gebilde; Richtungen: manipulativ-personale, Macht-Ausgleichs-Ansätze

68. Wodurch wurde das Erkenntnisinteresse an der informalen Organisation ausgelöst?

    Hawthorne-Experimente: informale Beziehungen

69. Grenzen Sie die formale und informale Organisation voneinander ab.

    Kriterien: Verhaltensorientierung, Autoritätsquellen, Verhältnis Status-Position

70. Welche Auswirkungen haben die informalen Beziehungen auf die Erfüllung der Unternehmungsaufgabe?

    positive, negative Wirkungen

71. Wie beeinflussen informale Erscheinungen die Motivation der Organisationsmitglieder?

    positive, negative Wirkungen

72. Wie kann man informale Beziehungen analysieren?

    soziometrische Analyse, Soziogramm, Soziomatrix

73. Was können Sie aus dem abgebildeten Soziogramm ablesen?

    Führer, Clique, Außenseiter, Antipathie, Isolierte (wer?)

74. Welche Funktion erfüllt die soziometrische Analyse im Rahmen organisatorischer Forschungsprozesse? Ziehen Sie Abb. 5 heran.

    terminologisch, deskriptiv

75. Welche Gestaltungsempfehlungen geben die manipulativ-personalen Ansätze?

    Zufriedenheit fördert Produktivität

76. Beurteilen Sie den Erkenntnisbeitrag der manipulativ-personalen Ansätze.

    Aspektorientierung, mangelnde empirische Fundierung, Problemerweiterung

77. Erläutern Sie den soziologischen Begriff der R o l l e.

    soziale Erwartungen, Positions- und Rollensegment

78. Welche Bedeutung hat die Rollenkonzeption für die Organisationsschung?

    rollenkonformes – rolleninkonformes Verhalten

79. Welche Ursachen rolleninkonformen Verhaltens lassen sich unterscheiden?

    Rollenkonflikte (sechs Formen)

80. Welche Probleme stellt die Handhabung von Rollenkonflikten?

    Wirkung, Konfliktbedingungen, Lösung

81. Von welchen Zielen und Normen gehen die Macht-Ausgleichs-Ansätze aus?

    Menschenbild, Mensch im Mittelpunkt

82. Welche Annahmen über die Motivationsstruktur liegen den Macht-Ausgleichs-Ansätzen zugrunde?

    Maslow, Herzberg

83. Mit welchen Maßnahmen soll die Selbstverwirklichung erreicht werden?

    Autonomie, Partizipation, Macht-Ausgleichs-Techniken, geplanter organisatorischer Wandel

84. Wie wird die Forderung nach Autonomie begründet?

    Theorie X – Theorie Y (erläutern)

85. Welche Faktoren beeinflussen das Individual- und Gruppenverhalten von Unternehmungsmitgliedern?

86. Stellen Sie die Hauptaussagen der p o l a r e n Organisationsauffassung in einer Tabelle zusammen.

    Vertreter; Merkmale, Effizienzvergleich

87. Skizzieren Sie das „M i x - M o d e l l" von Argyris.

    Kritik an Bürokratie, vier Strukturtypen, situationsabhängige Synthese

88. Skizzieren Sie das Modell der ü b e r l a p p e n d e n G r u p p e n.

    Vorteile der Partizipation; Gruppenprinzipien; linking pins

89. Welche Schwächen weist der Führungsstilansatz von Blake und Mouton auf?

    Möglichkeitsfeld; Realitätsgehalt der Forderung nach 9.9.-Führung

90. Kennzeichnen Sie die wichtigsten Macht-Ausgleichs-Techniken.

    Erfolgsbeteiligungspläne; Sensitivity oder T-group Training

91. Welche Fragestellungen erörtern die Ansätze des g e p l a n t e n o r g a n i s a t o r i s c h e n W a n d e l s?

    allgemeine Ziele, Methode; ideologische, theoretische, real-praxeologische Fragestellung

92. Welche Rollen lassen sich im Wandlungsprozeß unterscheiden?

    drei Kategorien von Beteiligten

93. In welchen Phasen verläuft der Wandlungsprozeß?

94. Beurteilen Sie den Erkenntnisbeitrag der Macht-Ausgleichs-Ansätze.

    sozialethische Ausrichtung; empirischer Gehalt, Anwendungsbereich

95. Auf welche Grenzen stößt die Partizipation in der Praxis?

96. Wie wirkt sich eine ausgeglichenere Machtverteilung auf Motivation und Zufriedenheit aus?

    Grenzen des Motivationspotentials aufzeigen

97. Wie beeinflußt Partizipation die Produktivität?

    intervenierende Einflußfaktoren (Aufgabe, Zeit, Informationsstand, Sachverstand), Untersuchungen von Tannenbaum

98. Welche wirtschaftlichen Überlegungen schränken die Realisierung des Partizipations- und Autonomiegedankens ein?

    Kosten und Risiken

IV. Entscheidungsbezogene Organisationsansätze

A. Mathematisch-statistische Ansätze Block 5

99. Wodurch unterscheiden sich die modernen von den klassischen und neoklassischen Organisationstheorien?

    problemorientierte Integration

100. Kennzeichnen Sie die Problemstellung der entscheidungstheoretischen Ansätze.

    Richtungen: mathematisch-statistisch, verhaltenswissenschaftlich

101. Nennen Sie organisatorische Anwendungsbereiche der mathematisch-statistischen Entscheidungstheorie.

102. Wie vollzieht sich die A b t e i l u n g s b i l d u n g ?

    zwei Grundmodelle

103. Welche Bedingungen schränken die Möglichkeiten der Stellen- bzw. Abteilungsbildung ein?

104. Erläutern Sie die Komponenten modellanalytischer Lösungsansätze.

    Zielfunktion, Nebenbedingungen

105. Welche Gründe sprechen für sukzessive Lösungsansätze der Stellen- oder Abteilungsbildung?

    Probleme: Zielfunktion, Alternativenbildung, Bedingungen

106. Skizzieren Sie das Stellenbildungsmodell von Müller-Merbach.

    Ausgangssituation, Ziel, Nebenbedingungen

107. Welche Lösungsverfahren sind für die modellanalytische Stellenbildung geeignet?

    exakte und heuristische Verfahren

108. Eine Oberinstanz (O) möchte zu ihrer Entlastung Unterinstanzen (U) schaffen und diesen von vier voneinander unabhängigen Entscheidungsaufgaben insgesamt maximal drei, je Unterinstanz höchstens eine, delegieren. Wieviele alternative Leitungsstrukturen ergeben sich? Welche ist optimal?

    Delegationsmodell nach Morgenstern

109. Worin besteht das S t e l l e n b e s e t z u n g s - oder Personalanweisungsproblem?

    Anforderungen – Fähigkeiten

110. Skizzieren Sie das allgemeine Personalanweisungsmodell.

    Eignungskoeffizienten

111. Zeigen Sie die Grenzen heuristischer Verfahren zur Lösung des Personalanweisungsproblems auf.

    Grundsätze der Personalzuweisung

112. Wie lautet das Grundmodell der s i m u l t a n e n Stellenbildung und -besetzung?

    Situation, Ziel, Nebenbedingungen

113. Wie läßt sich das Grundmodell der simultanen Stellenbildung und -besetzung variieren?

114. Diskutieren Sie die Anwendbarkeit der Personalanweisungs- und simultanen Stellenbildungs- und -besetzungsmodelle.

    Meßbarkeit der Eignungswerte, Modellannahmen

115. Welche Probleme treten bei der Ermittlung von Eignungswerten auf?

    eindimensionale Maßzahl, mehrere Anforderungskriterien, psychologische Tests

116. Was ist Kommunikation?

117. Wie erklärt sich das betriebswirtschaftliche Interesse an der Gestaltung des Kommunikationssystems?

        Dezentralisation – Koordination

118. Wodurch ist eine optimale Kommunikationsstruktur gekennzeichnet?

119. Nach welchen Merkmalen lassen sich Kommunikationsbeziehungen klassifizieren?

120. Wie lassen sich Kommunikationsstrukturen darstellen und analysieren?

        Graphentheorie, Matrizenkalkül

121. Was wird unter der Komplexität eines Kommunikationssystems verstanden?

        Definition, Berechnung für vollständige und planare Digraphen

122. Was besagt der Strukturparameter Entfernung?

123. Leiten Sie aus der Kommunikationsstruktur in Abb. 10 die Entfernungsmatrix ab.

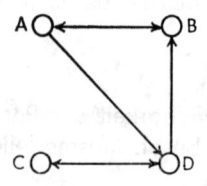

124. Welche Strukturparameter lassen sich aus den Kommunikationsmatrizen in Abb. 11 ermitteln?

        ausgehende bzw. eingehende Verbindungen, relative Zentralität, Diameter, Radius, Status (erläutern!)

125. Bestimmen und interpretieren Sie in Abb. 12 Zentralpunkt, Artikulationspunkte und Randpositionen des Graphen ABCDEF.

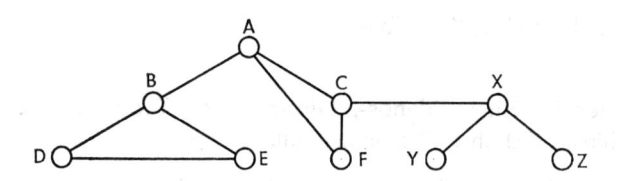

126. Worin liegt die Bedeutung der Strukturparameter?

127. Erläutern Sie die Vorteile der Matrix-Darstellungen von Kommunikationsstrukturen.

    Rechenoperationen; Kosten- und Zeitentfernungsmatrix, entscheidungsnotwendige Kommunikationsprozesse

128. Vergleichen Sie die Anwendbarkeit der linearen und der dynamischen Optimierung für die Kommunikationsgestaltung.

    Modellannahmen – Realität

129. Kennzeichnen Sie Problemgegenstand und Zielsetzung der T e a m t h e o r i e.

    multipersonale Entscheidungs- und Informationsprozesse, Teambedingungen, optimale Entscheidungsregeln

130. Skizzieren Sie den formalen Lösungsansatz der Teamtheorie.

    Funktionen

131. Wie läßt sich teamtheoretisch die optimale Kommunikationsstruktur ermitteln?

    bedingte Optima

132. Beurteilen Sie die Anwendbarkeit der Teamtheorie.

    Programmierbarkeit, Berechnungsproblem

133. Welchen Erkenntnisbeitrag liefert die Teamtheorie?

134. Erläutern Sie die organisatorische Bedeutung der S p i e l t h e o r i e.

    Zielkonflikte, Koalitionen

135. Vergleichen Sie Entscheidungs-, Informations-, Team- und Organisationstheorie hinsichtlich ihrer Problemstruktur.

    Kriterien: Wählbarkeit und Übereinstimmung der Informationen, Interessenidentität

136. Worin besteht das Problem der K o o r d i n a t i o n ?

    Definition, Formen

137. Wie und unter welchen Voraussetzungen ist eine Koordination über die Ziele erreichbar?

    explizite, implizite Verhaltensnormen

138. Wie lautet die Problemstellung der Koordination durch V e r r e c h n u n g s p r e i s e ?

    Entscheidungsfeld

139. Erläutern Sie die Grundzüge von Schmalenbachs „pretialer Betriebsführung".

    optimale Geltungszahl, Grenzkosten oder -nutzen

140. Was besagt das P r e i s t h e o r e m der linearen Programmierung?

    Primal- und Dualproblem

141. Wie läuft das D e k o m p o s i t i o n s v e r f a h r e n ab?

    Hauptprogramm, Teilprogramme, Iteration

142. Welche Probleme wirft die Bestimmung von Verrechnungspreisen auf?

    lineare Programmierung, Dekomposition, Rahmenplanung, Verhandeln, Grenzkosten, Marktpreise

143. Welchen praktischen Ausweg zur Verrechnungspreisbildung würden Sie vorschlagen?

144. Wodurch unterscheiden sich wohl-strukturierte von schlecht-strukturierten P r o b l e m e n ?

   Alternativen, Entscheidungsregeln, Lösungsalgorithmus

145. Wie lassen sich E n t s c h e i d u n g e n nach ihrer Ausführbarkeit typisieren?

146. Erläutern Sie die verschiedenen Interpretationen des R a t i o n a l i t ä t s begriffes.

   inhaltliche Fixierung und Herkunft der Ziele, Objektivität der Wahrnehmung

147. Beurteilen Sie die Relevanz des T r a n s i t i v i t ä t s - und des K o n s i s t e n z a x i o m s in realen Entscheidungssituationen.

   Definition; Sozialwahlfunktion, Umweltstabilität

148. Vergleichen Sie geschlossene und offene E n t s c h e i d u n g s m o d e l l e .

   Entscheidungsprämissen, Rationalitäts- und Präferenzannahmen, Problembereiche

149. Geben Sie die wesentlichen Prämissen der mathematisch-statistischen Entscheidungstheorie an.

150. Welchen Erkenntnisbeitrag leistet die mathematisch-statistische Entscheidungstheorie?

   heuristische Funktion, Anwendungsbezug

B. Verhaltenswissenschaftliche Ansätze Block 6

151. Spezifizieren Sie Erkenntnisobjekt und Erkenntnisziel der verhaltenswissenschaftlichen Entscheidungstheorien.

    Entscheidungsverhalten; theoretisches, pragmatisches Ziel

152. Welche Problembereiche der verhaltenswissenschaftlichen Ansätze sind organisatorisch relevant?

153. Wodurch ist das reale menschliche Entscheidungsverhalten gekennzeichnet?

    begrenzt-rational

154. Beschreiben Sie das verhaltenswissenschaftliche Grundmodell des **individuellen Entscheidungsprozesses**.

    Stimulus, internes Modell, Reaktion

155. Inwiefern stellt die Subjektivierung der Entscheidungssituation eine Reduktionsstrategie der Umweltkomplexität dar?

    Problemvereinfachung

156. Welche weitere Reduktionsstrategie ist für das menschliche Entscheidungsverhalten typisch?

    Anspruchsniveau

157. Wie läuft der individuelle Anspruchsanpassungsprozeß ab?

    Alternativenauswahl, Realisierung, Vergleich

158. Wovon hängt die Anpassung des Anspruchsniveaus ab?

    Höhe des Anspruchsniveaus; Anpassungsrichtung, -intensität, -geschwindigkeit

159. Wie lassen sich mehrere Ziele des Individuums in der Theorie der Anspruchsanpassung berücksichtigen?

    Dringlichkeit

160. Kennzeichnen Sie den zeitlichen Ablauf individueller Entscheidungsprozesse.

    iterativ, überlappende Phasen

161. Wie vollzieht sich die Informationssuche in individuellen Entscheidungsprozessen?

162. Was bedeutet k o g n i t i v e D i s s o n a n z (K o n s o n a n z) ? Geben Sie ein Beispiel.

    Kognition, Verträglichkeit kognitiver Elemente

163. Wovon hängt die Intensität der kognitiven Dissonanz ab?

164. Welche Verhaltensweisen löst die kognitive Dissonanz aus?

    Bedürfnis nach Reduktion; meist selektive Informationsaufnahme

165. Wie wirkt sich die kognitive Dissonanz auf die Alternativensuche und -bewertung v o r dem Entschlußakt aus?

    subjektive Verzerrung, Gefahr von Fehlentscheidungen

166. Welche Konsequenzen ergeben sich daraus für die Organisation von Entscheidungsprozessen?

    Alternativensuche und -bewertung; Stab-Linie-Konzeption

167. Welche Konsequenzen hat die Theorie der kognitiven Dissonanz für die Organisation der Kontrolle?

    Entscheidungsinstanz, Kontrollinstanz

168. Auf welchen Grundthesen baut die Analyse k o l l e k t i v e r E n t s c h e i d u n g s p r o z e s s e in der Unternehmung auf?

    Reduktionismus, behavioristische Theorie

169. Kennzeichnen Sie kollektive Entscheidungsprozesse.

170. Wie erklärt die behavioristische Theorie der Unternehmung die Bildung der Unternehmungsziele?

> Koalition, Verhandlungsprozeß: Anreize und Beiträge, Macht, Verhandlungstaktik

171. Was versteht man unter M a c h t ?

172. Wodurch wird die spezifische Machtverteilung in einer Unternehmung bestimmt?

173. Welche Machtgrundlagen lassen sich unterscheiden?

174. Inwiefern stellt das ausgehandelte Zielsystem eine Quasi-Lösung der Zielkonflikte dar?

> temporärer, meist vage formulierter Kompromiß; Hierarchisierung, Sequentialisierung (bewußte Vereinfachungen)

175. In welchem Verhältnis stehen Ziel- und Mittelentscheidungen zueinander?

> logische Funktion; reale Abweichungen

176. Wie kann inner- und außerorganisatorische Unsicherheit absorbiert werden?

> kleine Schritte; Konventionen, Regelungen

177. Welche Merkmale kennzeichnen problemorientiertes Suchverhalten in kollektiven Entscheidungsprozessen?

> motivierte, inkrementale, subjektiv verzerrte Suche

178. Was ist und wie entsteht „o r g a n i z a t i o n a l s l a c k"?

> Informationsdefizit über Ressourcen, verzögerte Anspruchsanpassung

179. Wie paßt sich das kollektive Entscheidungsverhalten an Umweltveränderungen an?

> Lernprozesse: Ziele, Regeln der Umwelterfassung, Suchregeln

180. Kennzeichnen Sie die Problemstellung der **experimentellen Kommunikationsforschung**.

   Effizienz von Kommunikationsstrukturen: zwei spezielle Fragestellungen

181. Erläutern Sie die Versuchsanordnung der Kommunikationsexperimente.

182. Nennen Sie die Grundformen von Kommunikationsnetzen (mit Skizzen).

183. Welche Effizienzkriterien und Einflußfaktoren werden in den Kommunikationsexperimenten untersucht?

184. Welche Beziehungen zwischen Zentralität und Leistung wurden experimentell nachgewiesen?

   Fälle: einfache, komplexere Aufgaben

185. Wie wirkt sich die Verteilung der Ausgangsinformationen aus?

   Fälle: ungleichmäßige Verteilung, Informationszuwachs für eine, für alle Positionen

186. Wann besteht erhöhte Gefahr der Informationsverzerrung?

   Artikulationspunkte, Informationsbelastung, Informationsabhängigkeit, benötigte Informationsquellen, symmetrische Kanäle

187. Vergleichen Sie die Eignung vollständiger, relativ ungebundener und zentralisierter Netze zur Fehlererkennung.

   Zahl symmetrischer Kanäle, Problem der Auswahl relevanter Kanäle

188. Welche Kommunikationsstrukturen können die verschiedenen Störarten jeweils am besten bewältigen?

   technische, semantische, pragmatische Störungen

189. Welche Hypothese liegt den Experimenten über die Beziehungen zwischen Aufgabe, Netz und Organisationsform zugrunde?

190. Was versteht Harshbarger unter struktureller Kongruenz?

>Interaktions-, Entscheidungsstruktur

191. Welche Organisationsform von Kommunikationsnetzen ist am effizientesten?

>einfache, komplexe Aufgaben; Kongruenzbetrachtung (Harshbarger)

192. Beurteilen Sie den Aussagegehalt der Gruppenexperimente.

>Laborsituation – Realität, heuristische Funktion

193. Wodurch wird die Ableitung effizienter realer Organisationsstrukturen aus den Gruppenexperimenten erschwert?

>begrenzte Aussagefähigkeit, partielle Effizienz der Netze

194. Nennen Sie Lösungsmöglichkeiten für das „Innovationsdilemma".

>parallele oder zeitlich-sequentielle Strukturen

195. Inwiefern werden die mathematisch-statistischen Koordinationsinstrumente durch die verhaltenswissenschaftlichen Ansätze ergänzt?

>psychologische Einflußfaktoren, Koordination schlecht-strukturierter Problembereiche

196. Von welchen psychologisch bedeutsamen Faktoren ist die Wirksamkeit der Koordination über die Ziele abhängig?

>Verhältnis Zielvorgabe-Anspruchsniveau; partizipative Zielformulierung (?)

197. Wie funktioniert Koordination durch Rückkoppelungsinformationen?

>Korrektur von Störungen

198. Beurteilen Sie den Erkenntnisbeitrag der verhaltenswissenschaftlichen Entscheidungstheorien.

>sachliche, methodische Erweiterungen; organisatorische Anwendbarkeit: Terminologie, empirischer Gehalt, Reduktionismus

V. Systembezogene Organisationsansätze

A. Grundlagen und Grundprobleme   Block 7

199. Skizzieren Sie das Wissenschaftsprogramm der **Allgemeinen Systemtheorie**.

    formaler Ansatz; Erkenntnisobjekt, -ziel; Interdisziplin; Methodik: Ganzheit, Analogie, Black box

200. Wie läßt sich die **Kybernetik** wissenschaftlich einordnen?

    Verhältnis zu System-, Informations- und Automatentheorie

201. Was versteht man unter einem **System**?

    Elemente, Beziehungen

202. Was wird als **Struktur** eines Systems bezeichnet?

    Anordnungsmuster; Beziehungs-, Prozeßstruktur

203. Nach welchen **Eigenschaften** lassen sich Systeme klassifizieren?

    Objektbereich, Herkunft, Umweltbeziehungen, Variabilität, Verhaltenssicherheit, Komplexität, Stabilität

204. Wodurch wird das **Verhalten** dynamischer Systeme bestimmt?

    Elemente, Beziehungen

205. Erläutern Sie die Begriffe: Subsystem, Umsystem, Zwischensystem.

    betrachtungsabhängige Definition

206. Skizzieren Sie das Problem der **Grenzziehung** von Systemen.

    zweckabhängig, Kriterien, Meßprobleme

207. Was versteht man unter S y s t e m k o m p l e x i t ä t ? Wie läßt sie sich messen?

> mehrdimensionaler Begriff, Varietät

208. Wie kann der Systemansatz den einzelwissenschaftlichen Erkenntnisfortschritt fördern?

> interdisziplinäre Systemforschung – disziplinäre Anwendung; Heuristik

209. Welche Gründe sprechen für die Anwendung des Systemansatzes auf betriebswirtschaftliche Organisationsprobleme?

> Bezugsrahmen, Problemrealismus, interdisziplinäre Kommunikation; Kybernetik: Strukturierungsmodelle

210. Zeigen Sie die Grenzen des Systemansatzes bei der Erklärung und Gestaltung der Unternehmungsorganisation auf.

> formaler Ansatz, Abstraktionsgrad, empirische Fundierung

211. Beurteilen Sie den Erkenntnisbeitrag der organisatorisch relevanten Systemströmungen.

> pragmatisch-heuristische Verfahrensstrategien

212. Welche Systemeigenschaften weist die Unternehmung auf?

213. Wie läßt sich das System Unternehmung näher kennzeichnen?

> Ziele, Prozesse, Funktionen, Dimensionen, Problemkategorien

214. Welche Probleme stellen Komplexität und Variabilität der Unternehmung und ihrer Umwelt?

> Unsicherheit

215. Wie läßt sich die Komplexität auf entscheidungsfähige Problemgrößen reduzieren?

> Reduktionsstrategien

216. Kennzeichnen Sie das Problem der Organisationsgestaltung aus systemtheoretischer Sicht.

   Differenzierung und Integration, Ziel: Stabilität und Flexibilität

217. Wie wirken sich die Umweltbedingungen auf die Organisationsgestaltung aus?

   Umwelt – Differenzierung – Integration

218. Wodurch unterscheiden sich strukturelle von funktionalen Subsystemen?

   Systemerfordernisse, Systemgestaltung

219. Nennen Sie mögliche Ansätze funktionaler Systemdifferenzierung.

   Burns, Johnson/Kast/Rosenzweig, Katz/Kahn, Bleicher

220. Was besagt das Prinzip der Partialinklusion? Leiten sie anhand bereits vorgestellter Organisationsansätze mögliche Auswirkungen ab.

   Wirkungen: Konflikte, Integration, Anpassungsfähigkeit, Zufriedenheit

221. Wie läßt sich innerhalb der Unternehmung das Subsystem Organisation abgrenzen?

   Beziehungsstruktur, Elemente

222. Welche Merkmale kennzeichnen das Organisationsproblem?

223. Erläutern Sie das Zuordnungsproblem zwischen Struktur und Funktion.

   Kongruenz nicht realisierbar, optimaler Strukturierungsgrad und Zuordnung als Gleichgewichtsproblem

224. Skizzieren Sie das Mehrebenen-Problem der Organisationsgestaltung.

   Problemebenen: Entscheidungsinhalte, Umweltkomplexität, Problemstruktur, Lösungsmethoden

225. Wie unterscheiden sich die Problemlösungsmethoden hinsichtlich ihres Vorgehens?

226. Inwieweit lassen sich die funktionalen Problemebenen strukturellen Unternehmungsebenen zuweisen?

> funktionale Interdependenzen, Schwerpunkte

227. Welche Konsequenzen hat das für die Organisationsgestaltung?

> mehrstufige Differenzierung, Dispositionsspielräume

228. Beschreiben Sie die Grundzüge k y b e r n e t i s c h e r   O r g a n i s a t i o n s g e s t a l t u n g.

> Gestaltungsaufgabe, -modelle

229. Was besagt das G e s e t z   d e r   e r f o r d e r l i c h e n   V a r i e t ä t?

> Varietätsbegriff, formale Analogie zur Entropie; Ergebnis-, Störungs-, Reaktionsvarietät

230. Welche Bedeutung hat das Varietätsgesetz für die Organisationsgestaltung?

> Ansatzpunkte zur Gestaltung; Varietät und Dispositionsspielräume

231. Beschreiben Sie das Vorgehen der B l a c k - B o x - Betrachtung.

232. Erläutern Sie die theoretische und praktische Bedeutung der Black-Box-Betrachtung.

> heuristische Forschungs- und Gestaltungsstrategie für komplexe Systeme

233. Wie lassen sich die Modelle kybernetischer Organisationsgestaltung systematisieren?

> Kriterium: steigende Anpassungsfähigkeit

234. Vergleichen Sie die Wirkungsweise von S t e u e r u n g   u n d   R e g e l u n g.

> zielorientierte Verhaltensbeeinflussung: Auslöser, Wirkungsweg und -prinzip, Art der Maßnahmen

235. Welche Bedingungen schränken die Anwendbarkeit der Steuerung ein?

236. Skizzieren Sie Anwendungsmöglichkeiten und -probleme der Regelung.

    Varietätsbeherrschung, Zeitverhalten, Modell der Regelstrecke, Ursachen von Instabilitäten

237. Wie unterscheidet sich A n p a s s u n g von Steuerung und Regelung?

    statisches – dynamisches Gleichgewicht

238. Nennen Sie organisatorisch relevante Ansätze, die Anpassungsprozesse behandeln.

239. Wodurch unterscheiden sich sekundäre und primäre Regulation?

240. Vergleichen Sie u l t r a s t a b i l e und m u l t i s t a b i l e Systeme.

    Anpassungsstrategie und -umfang, Stabilitätsbereich, Umweltbedingungen, organisatorische Beispiele

241. Was versteht man unter einem ä q u i f i n a l e n System?

    Kennzeichen, organisatorische Konsequenzen

242. Welchen Anforderungen muß eine als l e r n f ä h i g e s System organisierte Unternehmung genügen?

    Lernprozeß, -wirkung, -ziel (zwei Lernebenen), Ansatzpunkte

243. Erläutern Sie das formale H i e r a r c h i e p r i n z i p.

    Anordnungsprinzip, Ziel, Einflußfaktoren

244. Skizzieren Sie das Problem des Systemsprungs. Geben Sie Beispiele.

    Übergang zwischen hierarchisch unter- und übergeordneten Regelkreisen

245. Welche Bedeutung hat das Hierarchieprinzip für die Organisationsgestaltung?

    Komplexitätsreduktion, Multistabilität; Hierarchie und Autoritätsstruktur

B. Bausteine systemorientierter Organisationsgestaltung
Block 8

246. In welchem Verhältnis stehen aspekt- und systemorientierte Organisationsansätze?

247. Welche Hindernisse stehen einer optimalen Organisationsgestaltung entgegen?

> Dimensionen, Interdependenz, Effizienzkriterien, Kausaliät, empirische Forschung, Zurechnungsproblem

248. Welchen praktischen Schwierigkeiten begegnet die prozeßorientierte S u b s y s t e m b i l d u n g ? Zeigen Sie einen Ausweg auf.

> Ersatzlösung: sukzessiv (merkmals- und prozeßorientiert)

249. Nennen Sie die Möglichkeiten aufgabenlogischer Systemdifferenzierung.

> Merkmale, abgeleitete Organisationsformen

250. Welche Typen von I n t e r d e p e n d e n z e n können zwischen (Sub-) Systemen bestehen?

251. Vergleichen Sie Anwendungsmöglichkeiten und -grenzen von V e r r i c h t u n g s - und O b j e k t o r g a n i s a t i o n.

> Ausrichtung, Voraussetzungen, Interdependenztyp; Wirtschaftlichkeit, Erfolgskontrolle, Koordinations- und Anpassungsfähigkeit

252. Kennzeichnen Sie die P r o j e k t o r g a n i s a t i o n.

> Projektaufgabe, Zuständigkeiten; Zusammenarbeit (Dauer, Kontinuität); Projektgruppe(n), -leiter

253. Welche Formen der Projektorganisation lassen sich unterscheiden?

> nach Personal- und Sachmittelbeschaffung (2 Formen), Kompetenzverteilung (3 Formen)

254. Zeigen Sie die Anwendungsmöglichkeiten und -probleme der Projektorganisation auf.

> Anwendungs- und Erfolgsbedingungen; Beurteilung: Koordination, Anpassungsfähigkeit, Konflikt, Personal

255. Welche aufgabenlogischen K o o r d i n a t i o n s dimensionen lassen sich unterscheiden?

> drei Dimensionen, ein- und mehrdimensionale Organisationsformen

256. Welche Koordinationsmechanismen können eingesetzt werden?

> Klassifikation: formal-strukturell, personal, technokratisch (Planung, Vorschriften)

257. Nennen Sie Gestaltungsmöglichkeiten der S t a b - L i n i e n - O r g a n i s a t i o n.

> Realtyp: abgestufte Kompetenzen, Aufgabenbereich(e), hierarchische Einordnung der Stäbe

258. Welche Vor- und Nachteile hat die Stab-Linien-Organisation?

> Entlastung, Koordination, Expertentum (V/N), sozial-psychologische Aspekte

259. Skizzieren Sie die Anwendungsmöglichkeiten und -probleme von Z e n t r a l s t e l l e n.

> ergänzende Koordination, Kompetenzen, Konflikt, Qualifikation

260. Wie können K o m i t e e s und Komiteesysteme eingesetzt und gestaltet werden?

> Zeit, hierarchische Zusammensetzung, Kompetenzen, Entscheidungsmodus; Komiteeverbindungen

261. Worin bestehen die Vor- und Nachteile von Komitees (Kollegien)?

> Koordination, Entscheidungsdauer, -qualität, Durchsetzung

262. Skizzieren Sie das C o l l e a g u e M o d e l von Golembiewski.

   kollegiale Gruppen, kollegiale Teams, Entscheidungskompetenz

263. Nennen Sie Vorstufen der M a t r i x - O r g a n i s a t i o n.

264. Wie läßt sich die Matrix-Organisation kennzeichnen? Welche Formen sind möglich?

   Dimensionen, Kompetenzregelung

265. Welche Möglichkeiten bietet, welche Probleme stellt die Matrix-Organisation?

   Koordination, Innovation, Anpassungsfähigkeit, Kontrolle, Konflikt, Qualifikation, Aufwand

266. Wie kann die G e s a m t l e i t u n g strukturiert werden?

   Personenzahl, Entscheidungsmodus, Aufgabenverteilung

267. Was spricht für oder gegen das Kollegial- und das Direktorialprinzip?

   Vgl. F. 261; Kapazität, Macht, Nachfolge, Stellvertretung, Aufwand

268. Wie läßt sich eine gesamtzielbezogene (ressortneutrale) Koordination erreichen?

   zielorientierte Führungsgruppe, 2 weitere Möglichkeiten

269. Skizzieren Sie das H a r z b u r g e r M o d e l l.

   Delegation, Verantwortung, schriftliche Regelungen (2 Arten); Kritik

270. Wie läßt sich M a n a g e m e n t b y O b j e c t i v e s (MbO) kennzeichnen?

   Zielvereinbarung, -realisation, -kontrolle

271. Beurteilen Sie die Leistungsfähigkeit des MbO.

   Anpassung, Motivation, Produktivität, Koordination

272. Wie funktioniert M a n a g e m e n t   b y   E x c e p t i o n ?

    Ausnahmeregelung, Anwendungsprobleme

273. Was steht hinter der Forderung nach i n f o r m a t i o n s o r i e n t i e r t e r   F ü h r u n g ?

    Informationssystemgestaltung und -entwicklung: komplex, kritisch

274. Welche organisatorischen Ansätze liefern Beiträge zur Informationssystemgestaltung?

    Aspekte: Mensch, Aufgabe, Sachmittel; Interdisziplin: Kybernetik

275. Nennen Sie grundsätzliche Gestaltungsmöglichkeiten und Entwicklungsstrategien computergestützter Informationssysteme.

    Gestaltung: EDV-Kompetenz, Mensch-Maschine-Kommunikation, Integration; Entwicklungsrichtung, -schritte

276. Welche Probleme begrenzen den Einsatz computergestützter Informationssysteme?

    Informationsbedarf, -bewertung, Anwenderorientierung; Unternehmungsebene, Systemzwänge

277. Wie lassen sich die F ü h r u n g s t h e o r i e n klassifizieren?

    Kriterium: Einflußfaktoren des Führungsverhaltens

278. Welche polaren Führungsstile unterscheidet die Interaktionstheorie?

279. Skizzieren Sie das K o n t i n g e n z m o d e l l   d e r   F ü h r u n g s e f f i z i e n z von Fiedler.

    Führungsstil, Günstigkeit der Situation (3 Variable); empirische Korrelation; Mängel

280. Welche Fragestellungen untersucht die e m p i r i s c h e   O r g a n i s a t i o n s f o r s c h u n g ?

    (Kontext → (Struktur)) → Effizienz

281. Welche **Stukturmerkmale** werden empirisch untersucht?

>Differenzierungs-, Integrations(Koordinations)merkmale

282. Welche Faktoren werden als organisatorische **Kontextvariablen** betrachtet?

>Umwelt; Unternehmung: Umweltabhängigkeit, Strategie, globale Eigenschaften, Organisationselemente

283. Welche Kriterien liegen den empirischen **Effizienz**vergleichen zugrunde?

>wirtschaftlich, Innovation; (Humanverhalten)

284. Worin liegen die methodischen Probleme der empirischen Organisationsforschung?

>Messung, Datenerhebung, statistische Auswertung, kausale Interpretation

285. Welche Zusammenhänge bestehen zwischen Größe und Struktur?

>Spezialisierung, Entscheidungsdezentralisation, Koordination

286. Wie wirkt sich die Technologie strukturell aus?

>Produktions-, Informationstechnologie

287. Welche umweltbezogenen Gestaltungsthesen werden abgeleitet?

>Umweltdynamik, -verschiedenartigkeit, umweltgerechte Subsystembildung

288. Beurteilen Sie den Aussagegehalt der empirischen Organisationsforschung.

>Methoden, Kausalität, Querschnittsbetrachtung, Untersuchungsfeld, Praxisbezug, Status quo; explorativ

289. Kennzeichnen Sie die **Stadienkonzepte des** organisatorischen **Systemwandels**.

>historisch abgeleitete Entwicklungsstufen

290. Vergleichen Sie die Stadienkonzepte von Chandler, Scott und Greiner.

    Wachstumsphasen, auslösende Faktoren

291. Wie lassen sich gegenwärtige Organisationsunterschiede zwischen den Unternehmungen historisch erklären?

VI. Abschlußtest   Block 9

292. Unter welchen Voraussetzungen sind organisatorische Maßnahmen sinnvoll?

    Ausgangspunkt: Aufgabenerfüllung in sozio-technischen Systemen

293. Welche Gesetze stecken den rechtlichen Rahmen der Führungsorganisation ab? Skizzieren Sie die entsprechenden Regelungen.

    oberste Organe der AG und KGaA; Mitbestimmung der Arbeitnehmer(vertreter)

294. Das Betriebsverfassungsgesetz gewährt den Arbeitnehmern und ihrer Vertretung (Betriebsrat) Informations-, Mitsprache-, Mitentscheidungs- und Kontrollrechte bei Entscheidungen mit sozialen, personellen und arbeitsorganisatorischen Inhalten bzw. Konsequenzen. Welche Folgen hat das für Organisation und Führung von Unternehmungen?

    Entscheidungsstruktur, Konflikt- und Konfliktlösungsmöglichkeiten, Führungsanforderungen

295. Über welche Stufen vollzieht sich die Entwicklung zur multinationalen Mehrproduktunternehmung?

    zwei mögliche Entwicklungspfade

296. Wie läßt sich die in Abb. 23 dargestellte Organisationsstruktur kennzeichnen?

    Differenzierung, Integration

297. Worin bestehen die Anwendungsvorteile und -probleme dieser Organisationsstruktur?

298. Wie kann die notwendige problem- und gesamtunternehmungsbezogene Koordination erreicht werden? Beachten Sie, daß über die Produktbereichs- und Landesgrenzen hinweg komplexe unternehmungsinterne Lieferungs- und Leistungsverflechtungen bestehen.

299. Welche Organisationsstruktur herrscht bei Banken, Versicherungen und großen Handelsunternehmungen vor?

> typisches Dezentralisierungsmerkmal; Kompetenzen und Differenzierung der Zentrale und der dezentralen Einheiten

300. Vergleichen Sie die dargestellten Ansätze der Organisationsforschung. Welche Organisationstheorie ist Ihrer Ansicht nach geeignet, der Lösung komplexer Organisationsprobleme näherzukommen?

> Kriterien: Wissenschaftsziel, Aspekt, Menschenbild, Erkenntnisgewinnung, Aussagencharakter

Zweiter Teil

Fragen und Antworten

I. Grundlagen der Organisationsforschung

A. Wissenschaftstheoretische Probleme   Block 1

1. Was ist Wissenschaft? (13 f., 17)*)

Wissenschaft läßt sich definieren als **Erkenntnisgewinnung objektiv wahrer Aussagen** zur Bewältigung von Lebensaufgaben, vor die sich der Mensch in seiner Umwelt gestellt sieht.

Nach dem Erkenntnisobjekt unterscheidet man Realwissenschaften und Ideal- oder Formalwissenschaften. Die Erkenntnisgewinnung vollzieht sich im sozialen System Wissenschaft.

2. Welche Bedeutung haben wissenschaftsprogrammatische Entscheidungen? (14 f.)

Die wissenschaftsprogrammatische Entscheidung über

- **Erkenntnisziel,**
- **Erkenntnisobjekt** (Problembereich),
- **Methodik** (Vorgehensweise)

beeinflußt den Ablauf wissenschaftlicher Arbeit und den Aussagegehalt wissenschaftlicher Erkenntnisse. Deshalb sollte der einzelne Wissenschaftler, in dessen Ermessen diese Entscheidung liegt, die Gründe seiner Wahl offenlegen und so einer sachlichen Diskussion zugänglich machen.

3. Welche Aufgaben hat die Wissenschaftstheorie? (14)

Die Wissenschafts- oder Erkenntnistheorie ist eine philosophische Disziplin, die sich eine doppelte Aufgabe stellt:

(1) kritische und systematische **Analyse** der Prozesse wissenschaftlicher Erkenntnisgewinnung, insbesondere der Zusammenhänge zwischen den wissenschaftsprogrammatischen Variablen und der Güte der Forschungsergebnisse;

---

*) Diese Angaben verweisen auf die betr. Seite des Buches von F. Hoffmann, Entwicklung der Organisationsforschung, 2., überarbeitete und erweiterte Auflage, Wiesbaden 1976. (Die Seitenzahlen stimmen mit der 1. Auflage bis S. 243 überein.)

(2) Entwicklung eines **System von Regeln**, nach denen Wissenschaftler ihrer Zielsetzung entsprechend handeln sollen, um gleichzeitig den Erkenntnisfortschritt zu fördern.

Das Kernstück der Wissenschaftstheorie bildet die **Methodologie** (Wissenschaftslogik), die sich mit der zweckmäßigen Formulierung und dem Wahrheitswert von Aussagen sowie der intersubjektiven Überprüfbarkeit realwissenschaftlicher Aussagen befaßt.

4. Welche grundlegenden Zielsetzungen verfolgen wissenschaftliche Aussagen?
(16 f.)

Aus dem **allgemeinen** Ziel wissenschaftlicher Aussagen, zur Daseinsbewältigung beizutragen, leiten sich zwei **spezielle** Zielsetzungen ab:

- ein **theoretisches** Ziel der **Erklärung** der Realität („reine" Wissenschaft);
- ein **pragmatisches** Ziel der **Prognose und praktischen Anwendung** zur Gestaltung der Realität („angewandte" Wissenschaft).

Beide Ziele bedingen und ergänzen einander: Die Realität erkennen und verstehen, um vorausschauend handeln zu können; Prognose und Praxis als Prüfstein und Anstoß theoretischer Erkenntnis.

5. Erläutern Sie den Unterschied zwischen realanalytischen und operationsanalytischen Aussagen.
(17 f., 30, 35 f.)

Realanalytische (empirisch-kognitive) Aussagen sind auf das theoretische Wissenschaftsziel gerichtet. Die Realanalyse strebt allgemeingültige Wenn-Dann-Aussagen (nomologische Hypothesen) über reale **Ursache-Wirkungs-**Zusammenhänge an, um reale Vorgänge und Ereignisse beschreiben, erklären und prognostizieren zu können.

Realanalytische Hypothesen müssen an der Wirklichkeit überprüfbar sein (**empirische Wahrheit**).

Operationsanalytische (logisch-analytische) Aussagen haben eine pragmatische Zielsetzung und beziehen sich auf **Mittel-Zweck-**Relationen. Für mögliche oder gedachte Entscheidungsprobleme, die durch bestimmte Annahmen über die Existenz bestimmter Einflußfaktoren, Handlungsalternativen, Zielgrößen und deren logische Beziehungen gekennzeichnet sind, werden mittels logischer Transformationsregeln

- die Konsequenzen der Handlungsalternativen abgeleitet und
- die hinsichtlich des gegebenen Zielsystems optimale Handlungsregel oder -anweisung bestimmt.

Solche **ideal-praxeologischen** Aussagensysteme sind nur auf formale Widerspruchsfreiheit (**logische Wahrheit**) überprüfbar.

6. Erklären Sie die folgenden Bestandteile realanalytischer Satzsysteme: nomologische Hypothesen und singuläre oder Individualsätze. Geben Sie Beispiele. (25 f.)

Nomologische Hypothesen behaupten empirische Gesetzmäßigkeiten, d. h. daß für alle Objekte (Individuen) eines Bereiches unter bestimmten sachlichen Bedingungen **immer und überall** bestimmte Eigenschaften oder Ereigniszusammenhänge gelten. Beispiel: „Alle Einkaufsabteilungen mit geringer Leitungsspanne weisen eine hohe Kontrolleffizienz auf" oder in anderer Form „Wenn eine Einkaufsabteilung eine geringe Leitungsspanne hat, weist sie eine hohe Kontrolleffizienz auf."

Empirisch hinreichend bestätigte nomologische Hypothesen heißen **Gesetze**. Realanalytische **Individualsätze** beschreiben raum-zeitlich festgelegte Einzelfälle eines Objektbereichs. Man unterscheidet:

(1) **Protokollsätze** über Beobachtungen wie „Die Einkaufsabteilung der Unternehmung A weist eine hohe Kontrolleffizienz auf."

(2) **Basissätze** einer Theorie, d. h. raum-zeitlich begrenzte Existenzaussagen wie „Es gibt nach unseren Beobachtungen Einkaufsabteilungen mit geringer Leitungsspanne und hoher Kontrolleffizienz", die zur induktiven Ableitung genereller Hypothesen und deren Überprüfung herangezogen werden.

(3) Sätze über **Rand- oder Anfangsbedingungen** (Antezedensbedingungen) als Teil von Erklärung, Prognose, Entscheidung (→ F 9, 11).

7. Zu welcher Klasse von Aussagen gehört der Satz: „Von 1965–1974 weisen alle Einkaufsabteilungen der deutschen Textilindustrie eine hohe Kontrolleffizienz auf"? Wie läßt er sich in eine nomologische Hypothese umwandeln?

(26, 45 f.)

Der raum-zeitlich beschränkte Gültigkeitsanspruch weist den Satz als **Quasi-Gesetz** aus.

Wenn man den Raum-Zeit-Bezug von Quasi-Gesetzen durch die zugrundeliegenden sachlichen Bedingungen ersetzen (**strukturell relativieren**) kann, lassen sie sich in nomologische Hypothesen umformen. Wenn man z. B. herausfindet, daß von 1965–1974 die Einkaufsabteilungen der deutschen Textilindustrie eine niedrige Leitungsspanne hatten, kann man die in F 6 genannte Hypothese formulieren.

8. Was ist eine (realwissenschaftliche) T h e o r i e (eine Quasi-Theorie)?
(17, 26)

Als (realwissenschaftliche) Theorie bezeichnet man eine Menge logisch miteinander verbundener, widerspruchsfreier (nomologischer) Hypothesen einschließlich der ableitbaren Aussagen (T h e o r e m e). Theoreme von Realtheorien müssen empirisch überprüfbar sein.

Q u a s i - T h e o r i e n enthalten in erster Linie Quasi-Gesetze.

9. Erläutern Sie den Unterschied zwischen Erklärung und Prognose. (26–28)

Die E r k l ä r u n g fragt nach den Gründen (Explanans) für eine zu erklärende Aussage über individuelle oder allgemeine Tatbestände (Explanandum).

Die Fragestellung der P r o g n o s e : Welche Ereignisse folgen aus bekannten Randbedingungen und Gesetzen? läßt sich formal als Umkehrung der Erklärung auffassen.

Beide leiten, wie das folgende Schema am Beispiel der Erklärung und Prognose individueller Tatbestände zeigt, das Explanandum logisch aus dem Explanans ab.

Beispiel:		Erklärung	Prognose
„Wenn eine Abteilung eine geringe Leitungsspanne hat, weist sie eine hohe Kontrolleffizienz auf."	Explanans: Gesetz	gesucht	gegeben
„Abteilung A hat eine geringe Leitungsspanne."	singuläre Randbedingung	gesucht	gegeben
„Abteilung A hat eine hohe Kontrolleffizienz."	Explanandum: Tatbestand	gegeben	gesucht

10. Was versteht man unter t e c h n o l o g i s c h e r T r a n s f o r m a t i o n?
(28)

Realanalytische Hypothesen (Ursache-Wirkung) können in technologische (instrumentale) Aussagen (Mittel-Zweck) transformiert werden und geben – so interpretiert – Auskunft über Möglichkeiten (z. B. „Senken der Leitungsspanne"), um irgendwelche Zwecke (z. B. „höhere Kontrolleffizienz") zu erreichen.

Mithilfe technologisch umgeformter Gesetzeshypothesen lassen sich in einer M ö g l i c h k e i t s a n a l y s e
- die Randbedingungen ableiten, die zu schaffen sind, um das gewünschte Ergebnis (Zweck = Explanandum) zu erreichen;
- die zweckbezogenen Konsequenzen gegebener Handlungsmöglichkeiten prognostizieren.

11. Wie lassen sich empirisch fundierte Lösungen für reale Entscheidungsprobleme ableiten? (18, 29)

Durch ein real-praxeologisches Aussagensystem, das

- realanalytische Aussagen über die gegebenen Handlungsmöglichkeiten, Einflußfaktoren (beide als Randbedingungen) und Gesetzmäßigkeiten und
- operationsanalytische Aussagen über die logische Entscheidungsstruktur (→ F 5)

aufeinander bezieht, und zwar auf zwei Wegen:

- durch technologische Transformation realanalytischer in operationsanalytische Aussagen (→ F 10);
- durch empirische Bestätigung der Annahmen über Randbedingungen und Gesetzmäßigkeiten in ideal-praxeologischen Entscheidungsmodellen (→ F 5).

In beiden Fällen ist die Wahl der in ihrer Zielwirkung günstigsten Handlungsalternative empirisch begründbar.

12. Welche Rolle kommt der Sprache im wissenschaftlichen Forschungsprozeß zu? (19–22, 42)

Die Sprache stellt das Instrumentarium zur Formulierung wissenschaftlicher Aussagen. Als „Vehikel" im Dienst der Theoriebildung soll sie den theoretischen Erkenntnisfortschritt fördern, indem sie die untersuchten Sachverhalte zweckgerecht abbildet, die Aufdeckung von Zusammenhängen und Gemeinsamkeiten, die Theorieprüfung und die wissenschaftliche Kommunikation erleichtert.

Die Kommunikation zwischen Theorie und Praxis, insbesondere die praktische Anwendung real-praxeologischer Aussagen, erfordert eine Übersetzung der Forschungsergebnisse in eine allgemeinverständliche Sprache.

13. Wodurch unterscheiden sich künstliche und natürliche, deskriptive und präskriptive Sprache? (19, 24)

Eine Sprache läßt sich als System von Zeichen und Regeln zu deren Verwendung kennzeichnen.

Eine künstliche Sprache (Kalkül) ist ein syntaktisches System aus

- einer Menge von Zeichen;

- Kombinationsregeln, wie die Zeichen zu bestimmten Ausdrücken kombiniert werden dürfen;
- Transformationsregeln für die Umwandlung von Ausdrücken in andere Ausdrücke.

Die Zeichen und Ausdrücke haben keine Bedeutung, d. h. keinen Realitätsbezug. Dagegen weist eine natürliche Sprache zusätzlich zum syntaktischen System semantische Regeln auf, welche die Zeichen bzw. Worte bestimmten Designata (Objekten oder Merkmalen von Objekten) zuordnen.

In deskriptiver Sprache werden Indikativsätze über Tatsachen (und Möglichkeiten), in präskriptiver Sprache Imperativsätze (Verhaltensvorschriften) und normative Aussagen (Werturteile) formuliert.

14. Kennzeichnen Sie die Stellung der betriebswirtschaftlichen Organisationslehre innerhalb der Wissenschaften. (13, 37–39)

Die enge Beziehung zur Realität und die praktische Bedeutung ihrer Erkenntnisse für die Gestaltung der Realität weisen die betriebswirtschaftliche Organisationslehre als Real- oder Erfahrungswissenschaft aus.

Im Schnittpunkt von Betriebswirtschaftslehre und allgemeiner Organisationslehre befaßt sich die betriebswirtschaftliche Organisationslehre (-theorie)

a) in ihrem disziplinär ausgerichteten Teil mit der Differenzierung und Integration von Aufgaben und Aufgabenträgern unter ökonomischem Aspekt;

b) in ihrem interdisziplinär ausgerichteten Teil mit den organisatorisch relevanten sozialpsychologischen und realtechnischen Aspekten des soziotechnischen Systems Unternehmung (Problemorientierung).

15. Welche Konsequenzen ergeben sich aus den Kriterien der analytischen Wissenschaftstheorie für die betriebswirtschaftliche Organisationsforschung?
(19 f., 42, 46, 39 f.)

Aus der wissenschaftstheoretischen Forderung nach

- intersubjektiver Prüfbarkeit und damit Operationalität (→ F 18),
- hohem empirischem Informationsgehalt (→ F 28),
- hohem Bestätigungsgrad,
- logischer Widerspruchsfreiheit und
- Problemorientierung

der Aussagen einer theoretisch und pragmatisch ausgerichteten Wissenschaft folgt, daß die betriebswirtschaftliche Organisationsforschung

- ihr Objekt m e h r d i m e n s i o n a l und damit interdisziplinär untersuchen,
- hinsichtlich Prozeß und Methoden m e h r s t u f i g vorgehen muß.

16. Systematisieren Sie den Prozeß der Organisationsforschung zur Ableitung wissenschaftlich fundierter Gestaltungsempfehlungen. (40 f.)

Abb. 1 zeigt den idealtypischen Ablauf des organisatorischen Forschungsprozesses und zugleich die Entwicklungsstufen organisatorischer Erkenntnis, die aufeinander aufbauen. Der Prozeß stellt praktisch ein vielverzweigtes Netz von Vor- und Rückkoppelungen dar und wird mit dem Ziel eines verbesserten Erkenntnisstandes immer wieder von neuem durchlaufen.

In manchen Stadien der Erkenntnisgewinnung tritt anstelle der empirischen vorläufig die experimentelle Hypothesenprüfung.

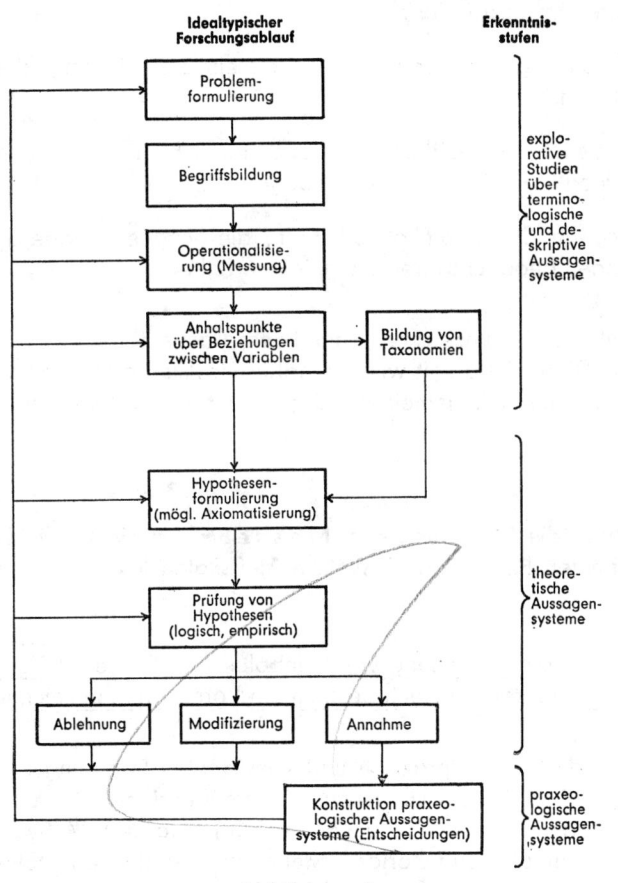

Abbildung 1

17. Welche Bedeutung hat die Explorationsphase für die Erkenntnisgewinnung?
(41)

In der Explorationsphase, die der Theoriebildung vorangeht, wird der erkannte Problemgegenstand abgegrenzt, sprachlich-begrifflich aufbereitet und erfaßt. Diese Aktivitäten bestimmen weitgehend den Aussagegehalt der zu formulierenden Theorie.

18. Welche Anforderungen sind an wissenschaftliche Begriffe zu stellen?
(19–21, 42)

Die theoretische Relevanz von Begriffen, d. h. ihre Eignung zur Gewinnung informativer, objektiv wahrer Aussagen, läßt sich erst im Nachhinein feststellen.

Die geforderten Ersatzkriterien:

- Präzision: genaue Trennschärfe, ob ein Ereignis unter den Begriff fällt oder nicht, und

- Konsistenz: einheitliche Verwendung, d. h. alle Personen ordnen alle gleichartigen Ereignisse demselben Begriff zu,

werden durch die Operationalität, die genaue Angabe der unter einen Begriff fallenden beobachtbaren Ereignisse, erfüllt.

Operationalität als Kennzeichen einer Fachsprache fördert die intersubjektive und faktische Überprüfbarkeit wissenschaftlicher Aussagen, wird aber mit einem teilweisen Verzicht auf Allgemeinverständlichkeit (→ F 12) erkauft.

19. Worin liegt die Bedeutung des Messens für die Entwicklung einer leistungsfähigen Fachsprache? Welche Meßskalen lassen sich unterscheiden?
(20 f., 42 f.)

Als Messen wird die Zuordnung von Symbolen (i. e. S. reellen Zahlen) zu Merkmalen des Objektbereiches nach bestimmten Vorschriften bezeichnet.

Meßverfahren dienen der präzisen und konsistenten Erfassung fachsprachlicher Begriffe in der Empirie. Die Übersetzung eines Begriffs in beobachtbare Ereignisse (Operationalisierung → F 18) erfordert Meßvorschriften. Die Begriffskategorien und zugehörigen Meßmethoden (Skalen) sollen der Merkmalsstruktur der Meßobjekte entsprechen (vgl. Abb. 2).

Begriffs-kategorie	Meßmethode (Skala)	Zuordnungskriterium	Beispiele
klassifi-katorisch	Nominalskala	Gleichheit – Verschiedenheit	ja – nein, englisch – spanisch, – deutsch
komparativ	topologische oder Ordinalskala	zusätzlich: Rang- oder Reihenfolge	Schulnoten
quantitativ	metrische Skala	zusätzlich: Abstände (Voraussetzung: gleichmäßige Elementarintervalle)	
	– Intervallskala	willkürlicher Nullpunkt	Beschäftigungs-abweichungen
	– Kardinalskala	absoluter Nullpunkt	Alter, Gewicht

Abbildung 2

20. Wie unterscheiden sich direktes und indirektes Messen? (21, 42 f.)

D i r e k t e s Messen erfolgt an den Merkmalsausprägungen des Objekts selbst;

i n d i r e k t e s Messen an Ersatzgrößen (Indikatoren), die eine Verbindung der begrifflichen mit der Beobachtungsebene schaffen. Indikatoren für „Kontrolleffizienz einer Abteilung" könnten z. B. „Prozentsatz der Kostenbudgetabweichung", „Ausschußquote", „Leistung pro Arbeitszeiteinheit" sein.

21. Diskutieren Sie die Zweckmäßigkeit einer Quantifizierung organisatorischer Aussagen. (43)

Für quantitative Begriffe und Aussagen spricht, daß

a) mit ihnen mehr mathematische Operationen ausgeführt und daher präzisere Erklärungen und Prognosen abgeleitet werden können;

b) verbale Beschreibungsmodelle nicht in der Lage sind, den Wirkungszusammenhang der Variablen komplexer Organisationen übersichtlich abzubilden.

Die Grenzen der Quantifzierung liegen darin, daß viele organisatorische Variablen nicht oder nur schwer quantifizierbar sind.

22. Welche Rolle spielen T a x o n o m i e n für die Theoriebildung? (43–45)

<u>Taxonomien sind empirisch erhärtete, multidimensionale Klassifikationen.</u>

Sie bauen auf meßbaren und empirisch überpüfbaren Dimensionen (Merkmalen) auf und fassen Objekte, an denen ähnliche Kombinationen von Merkmalsausprägungen beobachtet wurden, zu einer einheitlichen Type zusammen.

Die Taxonomiebildung vereinfacht komplexe Probleme und macht sie damit theoretisch leichter zugänglich. Sie ermöglicht

a) v e r g l e i c h e n d e A n a l y s e n sozialer Systeme, deren Aussagen sehr allgemein und damit für die Lösung praktischer Organisationsprobleme zu abstrakt sind;

b) t y p e n g e b u n d e n e Organisations t h e o r i e n, deren Hypothesen meist nur unter den in den Taxonomien enthaltenen Bedingungskonstellationen gültig sind, jedoch eine tendenziell höhere Prognosegenauigkeit und Anwendbarkeit aufweisen.

23. Was wird unter M o d e l l e n verstanden? (21 f.)

<u>Modelle sind strukturgleiche (isomorphe) oder vereinfacht-abstrahierende (homomorphe) Abbilder eines Objektbereiches.</u>

Die Objekte, ihre Merkmale und Beziehungen werden im Modell durch Zeichen eines bestimmten Zeichensystems dargestellt. Die Modellbildung kann z. B. durch I n t e r p r e t a t i o n eines Kalküls erfolgen, d. h. man führt semantische Regeln ein, die den Zeichen des Kalküls die Designata des Objektbereiches zuordnen. Die (syntaktische) Struktur des Modells soll dem Beziehungsmuster des Objektbereiches entsprechen.

Theorien sind demnach Modelle, die allgemeine empirische Gültigkeit beanspruchen.

24. Welche Modelltypen lassen sich unterscheiden? (22 f.)

Man unterscheidet

- nach dem verwendeten Zeichensystem a n s c h a u l i c h - i k o n i s c h e (z. B. Gebäudemodell in verkleinertem Maßstab) und a b s t r a k t - s y m b o l i s c h e, diese nochmals in V e r b a l - (umgangs- oder fachsprachliche) und K a l k ü l m o d e l l e;
- nach dem Realitätsbezug R e a l - und I d e a l m o d e l l e.

25. Welche theoretische Funktion haben Modelle? (22)

Realwissenschaftliche Modelle sollen von empirischen Beobachtungen ausgehen und faktisch überprüfbar sein.

Aus den Beobachtungen werden (Modell-)Hypothesen über die empirischen Zusammenhänge, zunächst in vereinfachter Form, und mögliche Randbedingungen gewonnen. Aus dem Modell lassen sich (tauto-)logisch weitere Hypothesen und durch systematische Variation der Randbedingungen (→ Simulation, F 35, 38) Prognosen ableiten. Experimente (→ F 35, 37), in denen Hypothesen vorläufig geprüft und ggf. neue Einflußgrößen und Zusammenhänge aufgedeckt werden, finden in künstlich geschaffenen Modellsituationen statt.

<u>Modelle haben also heuristische Funktion als Vorstufe zur Theoriebildung.</u>

26. Was versteht man unter F o r m a l i s i e r u n g einer Theorie? (21)

Theoretische Aussagen in natürlicher Sprache lassen sich in einen Kalkül übersetzen, d. h. zur inhaltlichen Interpretation (→ F 23) des Kalküls verwenden. Der reine Kalkül stellt dann die formale (syntaktische) Struktur der Theorie dar.

<u>Unter Formalisierung einer Theorie wird sowohl der Prozeß der Zuordnung zum Kalkül als auch ihr syntaktisches Gerüst verstanden.</u>

27. Diskutieren Sie die Zweckmäßigkeit der Formalisierung von Theorien. (23 f.)

Die V o r t e i l e sind

- leichtere, besser kontrollierbare Ableitungen, relativ leichtes Erkennen falscher Ableitungen infolge der rein syntaktischen Handhabung der Zeichen; dabei bleiben die Zwischen- und Endergebnisse mithilfe der semantischen Regeln inhaltlich interpretierbar;
- Klärung der logischen Struktur und leichtere logische Prüfung einer Theorie;
- erleichterter Vergleich mehrerer Theorien;
- mögliche Entdeckung neuer Hypothesen.

N a c h t e i l e können sich ergeben aus

- der Verschleierung unklarer Begriffe;
- der Verschleierung des geringen Informations- bzw. Realitätsgehalts einer Theorie.

<u>Denn Formalisierung trägt zur empirischen Gültigkeit von Aussagen nichts bei.</u>

28. Wovon hängen der Informationsgehalt und die praktische Verwertbarkeit von Hypothesen ab? Geben Sie ein Beispiel! (32 f., 46)

Der Informationsgehalt einer Hypothese steigt (sinkt) mit der Zahl ihrer potentiellen Falsifikatoren, d. h. der realen Möglichkeiten (singulären Aussagen), die sie ausschließt. Ein hoher Informationsgehalt bedeutet einen kleinen logischen Spielraum und umgekehrt.

Weiterhin gilt, daß

- größere Allgemeinheit (sinkender Informationsgehalt der Wenn-Komponente) und damit breiterer Anwendungsbereich,

- größere Präzision (steigender Informationsgehalt der Dann-Komponente) und damit höhere Prognosegenauigkeit

ceteris paribus den Informationsgehalt und zugleich die praktische Verwertbarkeit steigern.

Im folgenden Beispiel sind also Informationsgehalt und Anwendbarkeit bei Hypothese a) (höchste Allgemeinheit u n d Präzision) am größten und nehmen nach d) hin ab:

Wenn eine	dann weist sie eine	
a) Abteilung	a) sehr hohe	(über 75)
b) Abteilung	b) hohe	(über 50)
c) Einkaufsabteilung	c) sehr hohe	(über 75)
d) Einkaufsabteilung	d) hohe	(über 50)
eine geringe Leitungsspanne hat,	Kontrolleffizienz auf.	

29. Was bedeutet Axiomatisierung einer Theorie? Welche Gründe sprechen dafür? (23, 31 f., 46 f.)

Axiomatisierung heißt die Rückführung spezieller (weniger allgemeiner) Hypothesen einer Theorie auf Axiome, d. h. allgemeinere Hypothesen, aus denen alle Aussagen der Theorie (als Theoreme, → F 8) logisch folgen.

In F 28 läßt sich die spezielle Hypothese c) auf das Axiom a) zurückführen.

Ein weiteres Axiom sei „Wenn eine Abteilung häufig wechselnde Anforderungen erfüllen muß, hat sie eine kleine Leitungsspanne". Aus beiden Axiomen folgt das Theorem: „Abteilungen mit häufig wechselnden Anforderungen haben eine hohe Kontrolleffizienz."

Für eine Axiomatisierung spricht,

- daß eine gegenüber den Einzelhypothesen geringere Zahl an Aussagen (Axiomen) einen gleichen oder größeren Anwendungsbereich abdeckt,
- die Theorieprüfung erleichtert wird (→ F 30).

30. Erläutern Sie die grundsätzlichen Möglichkeiten der Theorieprüfung.
(30, 32)

Die drei Ansätze der Theorieprüfung sind:

a) **Konfrontation einer Theorie mit einer alternativen Theorie**: Besteht zwischen beiden Theorien ein Widerspruch, dann ist mindestens eine falsch.

b) **Untersuchung auf interne Widersprüche**: Dabei erweisen sich Formalisierung und Axiomatisierung als vorteilhaft. Die Suche nach Widersprüchen zwischen den Axiomen genügt, um die logische Wahrheit der Theorie festzustellen.

Die beiden genannten Methoden der **logischen Kritik** geben nur Hinweise auf mögliche Irrtümer. Werden keine Widersprüche gefunden, so ist nur die logische, nicht aber die faktische Wahrheit der Theorie(n) bewiesen. Eine (realwissenschaftliche) Theorie muß sich an der Realität bewähren:

c) **Konfrontierung mit der Realität**: Man sucht nach Fällen (singulären Aussagen), die das Erklärungs- und Prognoseergebnis der Theorie bestätigen (Konfirmatoren) bzw. widerlegen (Falsifikatoren). Der Satz „Abteilung A hat eine geringe Leitungsspanne und eine niedrige Kontrolleffizienz" falsifiziert z. B. die Hypothesen a) und b) in F 28.

Zur Ablehnung einer Hypothese genügt strenggenommen ein einziger Falsifikator, dagegen läßt sie sich, solange nicht alle Fälle geprüft sind, nicht endgültig bestätigen (**Falsifikationsprinzip**).

31. Welche Probleme stellen empirische Prüfung und Anwendung organisationstheoretischer Aussagen?
(47–49, 28)

Das strenge Falsifikationskriterium ist für organisatorische Hypothesen nicht zweckmäßig, da

- die herrschenden Kausalgesetze nur zum Teil bekannt sind,
- eine Ursache mehrere Wirkungen, eine Wirkung mehrere Ursachen haben kann,
- die Einflußgrößen (Randbedingungen) oft schwer feststellbar sind

- und daher keine deterministischen (sicheren) (wie bisher → F 6, 9, 10, 28–30 angenommen), sondern nur s t o c h a s t i s c h e (wahrscheinliche) Gesetzmäßigkeiten aufgestellt werden können.

Beispiel: „Die meisten (75 %) Abteilungen mit niedriger Leitungsspanne weisen eine hohe Kontrolleffizienz auf."

Aus einer stochastischen Gesetzesaussage und den Randbedingungen ist das Explanandum nicht logisch ableitbar, sondern nur mit i n d u k t i v e r W a h r s c h e i n l i c h k e i t (Sicherheitsgrad) zu erwarten. Aus obiger Hypothese und Randbedingung F 9 ist z. B. Explanandum F 9 mit 75 % Wahrscheinlichkeit zu erwarten.

Die Unvollkommenheit organisatorischer Prognosen hat zwei weitere Gründe:
- Die Randbedingungen beziehen sich meist auf die Zukunft und sind ihrerseits zu prognostizieren.
- Durch Reaktionen auf ihre Veröffentlichung können falsche Prognosen eintreffen und wahre scheitern.

Die logische Wahrscheinlichkeit einer Aussage nimmt mit zunehmendem Informationsgehalt (Allgemeinheit oder Präzision) ab. Daher ist zwischen der theoretischen Forderung nach Falsifizierbarkeit, also hohem Informationsgehalt, und der für praktische Entscheidungen nötigen Sicherheit ein Kompromiß zu finden.

<u>Eine organisatorische Aussage ist bestätigt, wenn sie sich mit hoher Wahrscheinlichkeit (z. B. 95 % der getesteten Fälle) als richtig erweist.</u>

32. Wie läuft die empirische Hypothesenprüfung ab? (55)

Empirische Tests setzen voraus, daß die in den Hypothesen verwendeten Begriffe operationalisiert sind.

Zunächst sind entsprechend der angestrebten Sicherheit und Genauigkeit Entscheidungen über die Stichprobe(n), die anzuwendenden statistischen Modelle und Prüfverfahren und die Codierung des Datenmaterials für die Auswertung zu treffen. Die Eignung von Begriffen, Erhebungs-(Meß-) und Auswertungsverfahren kann ggf. in einem Pretest überprüft werden.

Die weiteren Schritte sind:
- Datenerhebung in Abhängigkeit von den Methoden (→ F 34–38),
- Auswertung der Daten und statistische Prüfungen,
- Interpretation der Ergebnisse im Hinblick auf die Hypothesen und auf bisher nicht beachtete Zusammenhänge.

33. Beurteilen Sie die Wirtschaftlichkeit des Erkenntnisfortschritts aus theoretischer und pragmatischer Sicht. (49–51)

Vom theoretischen Standpunkt bringt jeder empirisch-gehaltvolle Wissenszuwachs einen Grenznutzen und rechtfertigt sogar höhere Grenzkosten. Der Forschungsaufwand wird nur durch das verfügbare Budget und die Wirtschaftlichkeit der Methodenwahl beschränkt. Der gewählte Aggregationsgrad der Untersuchungen soll eine zufriedenstellende Erklärung bei vertretbarem Aufwand ermöglichen.

In einer angewandten Wissenschaft muß der Grenznutzen für Entscheidungen die Grenzkosten der Informationsgewinnung übersteigen. Praxeologische Aussagen (E n t s c h e i d u n g s h y p o t h e s e n und -modelle) sollen solange als gültig akzeptiert werden, wie sie einen nützlichen bzw. erfolgreichen Beitrag zur Gestaltung leisten. Sie unterliegen also weniger strengen Wahrheitsanforderungen als E r k e n n t n i s h y p o t h e s e n.

34. Welche M e t h o d e n sind in der Organisationsforschung bevorzugt anzuwenden? (51, 50)

Es gibt keine bevorzugte Forschungsmethode, sondern in verschiedenen Forschungssituationen sind die einzelnen Methoden unterschiedlich effektiv. Die Methodenwahl ist abhängig vom

- Untersuchungsgegenstand und dessen theoretischen Reifegrad,
- dem vorhandenen Wissen und dem Kenntnisstand des Forschers,
- dem angestrebten Abstraktionsgrad.

Bei gleicher Eignung ist die wirtschaftlichste Methode vorzuziehen. Begrenzte finanzielle Mittel können die Anwendung weniger adäquater Methoden erzwingen.

35. Wie unterscheiden sich Feldstudien, Experimente und Simulation? (51–54)

F e l d s t u d i e n finden in natürlichen, d. h. realen, vom Forscher unbeeinflußten Situationen statt und haben den höchsten realen Aussagegehalt.

E x p e r i m e n t e sind durch vollständige Gestaltung und Kontrolle der Situation (Randbedingungen) gekennzeichnet. Die Versuchsanordnung kann in die natürliche Umgebung eingebettet (F e l d e x p e r i m e n t) oder völlig künstlich und isoliert sein (L a b o r e x p e r i m e n t). Einige Einflußvariable werden konstant gehalten, andere manipuliert, indem i. d. R. in der Testgruppe ein bestimmter Faktor wirksam wird, in einer Kontrollgruppe dagegen nicht. Dann werden die Auswirkungen miteinander verglichen.

Simulation beruht auf der Abbildung des realen Untersuchungsobjektes (oder eines Teils davon) in einem symbolischen (mathematischen) Modell. Die unabhängigen Modellvariablen und -parameter werden stellvertretend für die realen Einflußfaktoren systematisch variiert, so daß sich deren Auswirkungen an den Ergebnissen der abhängigen Variablen ablesen lassen. Der Einsatz von Computern ermöglicht komplexere, realitätsnähere Simulationsmodelle.

36. Vergleichen Sie Befragung, Beobachtung, Dokumentenanalyse. (51 f.)

Siehe Abbildung 3.

	Befragung (Fragebogen, Interview)	(direkte) Beobachtung	Dokumentenanalyse (indirekte Beobachtung)
Informations-beschaffung	Erfassung von Originaldaten speziell für den Untersuchungszweck (Primärerhebung)		Auswertung*) vorhandener, oft für andere Zwecke gewonnener Daten (Sekundärerhebung), *) insofern für alle anderen Methoden relevant
direkt gemessene Ereignisse	sprachliche, subjektive Äußerungen über Einstellungen, Erfahrungen, Verhaltenserwartungen, Vorgänge, Zustände	tatsächliches Verhalten, tatsächliche Zustände	(i. d. R. schriftliche) Aufzeichnungen über Vorgänge, Zustände, Regeln, Meinungen usw., Untersuchungsergebnisse
Grenzen	Ergebnisse beeinflußt durch – sprachliches Verhalten – Gefahr absichtlicher oder unbewußter Manipulation (Befragter, Interviewer, beim Fragebogen: Dritte)	nur begrenzter Realitätsausschnitt erfaßbar; bei mehreren Beobachtern Problem der Vergleichbarkeit	Daten „aus zweiter Hand" für den Untersuchungszweck nicht immer (voll) geeignet (Objektbereich, Umfang, Präzision, Objektivität, Verläßlichkeit, Begriffe), oft Uminterpretation und Umgruppierung nötig
Anwendungs-schwerpunkte	Feldstudien, auch: Experimente	Experimente kleine Feldstudien	Feldstudien, (Simulation)

Abbildung 3

37. Welche Rolle spielt das Experiment in der Theoriebildung und -überprüfung? Nennen Sie Vorzüge und Schwachstellen. (53, 200)

Die Möglichkeiten und Grenzen experimenteller Organisationsforschung lassen sich am deutlichsten am Beispiel des Laborexperimentes aufzeigen.

Die künstliche, auf wenige, kontrollier- und manipulierbare Variable beschränkte, gegen andere Einflußfaktoren abgeschirmte Versuchsanordnung des Laborexperiments erlaubt es, relevante Einflußfaktoren zu identifizieren und Kausalzusammenhänge präzise zu messen, beschreiben und überprüfen.

Die Laboraussagen gelten zunächst nur unter den geschaffenen Bedingungen; ihr empirischer Gehalt hängt von der Realitätsnähe der künstlichen Situation ab. Die Ableitung praktisch relevanter Empfehlungen erfordert Homomorphie zwischen Experimentssituation und Realität. Komplexere Organisationsprobleme lassen sich nur vereinfacht nachbilden. Laborexperimente liefern jedoch fruchtbare Ausgangshypothesen, wenn die Organisationsrealität Feldstudien verhindert.

Diese Beurteilung trifft abgeschwächt auch für Feldexperimente zu, die jedoch wegen erheblicher Störungen des Leistungsprozesses in der betroffenen Unternehmung nur begrenzt durchführbar sind.

<u>Experimente erlauben präzise, aber wenig allgemeine Aussagen, die eine heuristisch-fruchtbare vorläufige Hypothesenbildung und -überprüfung ermöglichen.</u>

38. Wie kann die Simulation in der Organisationsforschung eingesetzt werden? (54 f.)

Die Simulation (→ F 35) ist vielseitig anwendbar:
- zur Entdeckung möglicher Zusammenhänge, indem die Konsequenzen bestimmter Annahmen über organisatorisches Verhalten durchgespielt werden (illustrative Simulation);
- zur Erklärung (die im Simulationsmodell verkörperten Theorien werden durch Vergleich des simulierten mit dem beobachteten vergangenen Verhalten getestet) und Prognose des Verhaltens von Systemen bzw. Organisationen (deskriptive Simulation);
- zur Entscheidung über die (annähernd) optimale Organisationsform hinsichtlich der gesetzten Ziele (normative Simulation);
- als effizienzverbesserndes Verhaltenstraining der Organisationsmitglieder (Mensch-Maschine-Simulation).

Die Fragestellung kann
- bei bekanntem realen Verhalten der Teilsysteme auf deren Zusammenspiel (synthetische Simulation)

- bei bekanntem Verhalten des Gesamtsystems auf das Verhalten der Teile (analytische Simulation)

gerichtet sein.

Die Simulation auf dem Computer erlaubt die Variation von Bedingungskonstellationen in einem Ausmaß, das in der Realität unmöglich, zu störend oder zu teuer wäre.

Die Simulation ersetzt jedoch nicht die empirische Überprüfung der Hypothesen.

B. Begriff der Organisation — Block 2

39. Skizzieren Sie die unterschiedlichen betriebswirtschaftlichen Auffassungen von Organisation. (57–64)

Organisation läßt sich f u n k t i o n a l als Tätigkeit des Organisierens, i n s t i t u t i o n a l als Ergebnis dieser Tätigkeit auffassen.

Historisch und methodisch lassen sich drei Entwicklungen der Berücksichtigung des Organisationsproblems unterscheiden:

a) Die Unternehmung als „o r g a n i s a t i o n s l o s e s" Gebilde.
Es wird unterstellt, daß kein Einfluß von der Organisation auf die unternehmerische Entscheidungsbildung und -durchsetzung ausgeht (Beispiel: Produktions- und Kostentheorie).

b) Die Unternehmung h a t eine Organisation.
Organisation wird f u n k t i o n a l als Instrument planmäßiger Zielerreichung (Hax) bzw. der Planrealisation (Gutenberg, → F 40) oder als Verfahrenstechnik des integrativen Strukturierens von Ganzheiten (Kosiol, → F 41) aufgefaßt, i n s t i t u t i o n a l als formale (Regelungs-)Struktur der Unternehmung (Nordsieck, Kosiol).

c) Die Unternehmung i s t eine Organisation.
Diese Betrachtungsweise geht auf den weiten Organisationsbegriff der frühen allgemeinen Organisationslehre (→ F 44) und der Soziologie (→ F 46) zurück. Dem i n s t i t u t i o n a l e n Organisationsbegriff, der alle zielgerichteten Sozial- bzw. soziotechnischen Systeme umfaßt (March/Simon; Heinen; Tavistock Institute of Human Relations; Katz/Kahn) entspricht f u n k t i o n a l „Organisation als Treffen von Meta-Entscheidungen" (Kirsch/Meffert, → F 45).

40. Was besagt das S u b s t i t u t i o n s p r i n z i p d e r O r g a n i s a t i o n ? (58 f.)

Gutenberg unterscheidet zwischen Planung (Entwurf einer Ordnung) und Organisation, d. h. dem Vollzug des gewählten Planes mithilfe eines S y s t e m s g e n e r e l l e r u n d f a l l w e i s e r R e g e l u n g e n. Generelle Regelungen bedeuten eine Einschränkung, fallweise Regelungen eine Erweiterung des Entscheidungsspielraumes.

Das Substitutionsprinzip der Organisation lautet:

<u>Die Tendenz zur generellen Regelung nimmt mit abnehmender Variabilität betrieblicher Tatbestände (z. B. zunehmender Vorhersehbarkeit, Wiederholung von Aufgaben) zu.</u>

41. Grenzen Sie Organisation, Improvisation und Disposition voneinander ab. (60)

Nach Kosiol lassen sich diese drei Gestaltungsmöglichkeiten wie folgt unterscheiden:

	Organisation	Improvisation	Disposition
Inhalt	integrative Strukturierung		Einzelmaßnahmen:
	einheitliche Dauerregelungen auf längere Sicht;	provisorische Ad-hoc-Regelungen auf kürzere Sicht; Vorstufe zur Organisation;	a) gebunden an organisatorische oder improvisatorische Regeln
	s t a b i l e Struktur	l a b i l e Struktur	b) frei
Regelungsart	generell	←——→	fallweise
Anwendung	wiederholbare Vorgänge, Arbeitsteilung	neuartige ungewöhnliche, unerwartet auftretende Situationen	wenn eine generelle Regelung nicht möglich oder technisch, ökonomisch nicht sinnvoll ist

Abbildung 4

42. Worin besteht das Problem des organisatorischen Gleichgewichtes?

Dieses Grundproblem organisatorischer Gestaltung besteht darin, den optimalen Organisationsgrad, das richtige Verhältnis von Organisation (generellen Formalregelungen) und Disposition (fallweisen Regelungen) zu finden, also den Mittelweg zwischen

- Überorganisation, d.h. zu vielen und zu starren Dauerregelungen (Folgen: Bürokratisierung, mangelnde Flexibilität, Unzufriedenheit, geringe Motivation) und
- Unterorganisation, d.h. einem Übermaß an Disposition (Folgen: mangelnde Rationalisierung, Koordinations- und Kompetenzprobleme, Konflikte).

Der optimale Organisationsgrad hängt von der konkreten Anwendungssituation ab (vgl. Substitutionsprinzip, → F 40).

43. Inwiefern geht Grochla über den Organisationsbegriff von Kosiol hinaus? (61)

K o s i o l , Nordsieck, Ulrich u. a. begrenzen den Organisationsbegriff auf den menschlichen Handlungsbereich (reine Mensch- und Mensch-Maschine-Systeme).

Angesichts der zunehmenden Verselbständigung komplexer Sachmittelsysteme (Automatisierung) erweitert G r o c h l a den Organisationsbegriff auf (die Gestaltung aller) Systeme zur Erfüllung von Daueraufgaben einschließlich reiner Maschine-Systeme.

44. Wie unterscheiden sich Bogdanow, Plenge und Stefanic-Allmayer hinsichtlich des organisatorischen Erkenntnisobjekts? (62 f.)

Der Objektbereich wird zunehmend eingeengt, die Allgemeinheit der abgeleiteten Aussagen sinkt.

Bezieht sich der Organisationsbegriff bei B o g d a n o w , ausgehend von der Zielsetzung einer universalen Organisationslehre, noch auf alle organischen und anorganischen Strukturen, so wird er von P l e n g e auf den Humanbereich und von S t e f a n i c - A l l m a y e r weiter auf die gesellschaftliche Organisation eingeschränkt.

45. Was bedeutet: Organisation als Treffen von Meta-Entscheidungen? (59, 62)

M e t a - E n t s c h e i d u n g e n legen als Entscheidungen über Entscheidungen den E n t s c h e i d u n g s s p i e l r a u m , d. h. die Beschränkungen oder Prämissen, von O b j e k t e n t s c h e i d u n g s p r o z e s s e n fest.

Beispiel: Meta-Entscheidungen über Projektteam, Standort, maximale Bauzeit und Baukosten begrenzen den Objektentscheidungsprozeß über einen Fabrikneubau.

Diese entscheidungstheoretische Organisationskonzeption schließt den Meta-Entscheidungstatbestand „integrative Strukturierung von Aufgaben und Aufgabenträgern" (Organisation i. e. S.), der den Dispositionsrahmen angibt, ein, ist aber auf eine Vielzahl heterogener Tatbestände anwendbar.

46. Welche Merkmale kennzeichnen den soziologisch beeinflußten Organisationsbegriff? (64)

Organisationen stellen aus soziologischer und sozial-psychologischer Sicht soziale Verknüpfungsformen menschlichen Handelns dar, die nach Mag durch folgende Merkmale geprägt sind:

- zielgerichtete
- Aufgabenerfüllung
- durch zwei oder mehr Personen,
- die dazu bestimmte Funktionen in der Gruppe übernehmen und
- miteinander in Verbindung treten.

Ähnlich interpretiert Heinen die Organisation als „zielgerichtetes Sozialsystem, das Informationen gewinnt und verarbeitet" mit den Komponenten: Ziel-, Informations- und Sozialsystem. Die Unternehmung ist eine Organisation in diesem Sinne.

47. Wie lassen sich die beiden Auffassungen: „Die Unternehmung h a t und i s t eine Organisation" verbinden? Was spricht dafür? (64 f.)

Angesichts des bescheidenen theoretischen Erkenntnisstandes und des geforderten Praxisbezugs der betriebswirtschaftlichen Organisationslehre erscheint es zweckmäßig, weniger allgemeine, dafür präzisere und sicherere Aussagen anzustreben und sich daher auf die Struktur(gestaltung) zu beschränken. Der weite Organisationsbegriff bleibt jedoch insofern fruchtbar, als er die sozialen und Umweltbeziehungen der Unternehmung als Einflußfaktoren der Struktur herausstellt.

Deshalb wird eine problemorientierte Begriffssynthese vorgeschlagen:

Organisation als F u n k t i o n stellt einen (Meta-)Entscheidungs- und Realisationsprozeß zur Differenzierung und Integration von Aufgaben und Aufgabenträgern dar, dessen Ergebnis eine S t r u k t u r , d. h. ein relativ invariantes Beziehungsmuster bildet.

Die Organisationsstruktur soll als Filter für die Probleme, vor die sich die Unternehmung in ihrer Umwelt gestellt sieht, einen möglichst optimalen Ablauf der Objektentscheidungs- und Realisationsprozesse gewährleisten.

II. Klassische Organisationsansätze   Block 3

48. Wie läßt sich die Vielfalt organisationswissenschaftlicher Ansätze klassifizieren? (67–69)

Kirsch und Meffert bilden vier Grundtypen:

Zwecksetzung (Pragmatik) \ Organisationsbegriff	System: Die Unternehmung ist eine Organisation	Struktur: Die Unternehmung hat eine Organisation
deskriptiv	Typ I (verhaltenswissenschaftliche Organisationstheorien)	Typ IV
normativ	Typ III (Theorien des geplanten organisatorischen Wandels)	Typ II (Theorien des Organisierens)

Grochla unterscheidet

- nach Erkenntnisstufen: terminologische, deskriptive, empirisch-kognitive und praxeologische Aussagensysteme;
- nach bevorzugten Aspekten: p r a g m a t i s c h e (im wesentlichen tradionelle Organisations- und Managementlehre), e n t s c h e i d u n g s t h e o r e t i s c h e (logisch-analytische), v e r h a l t e n s w i s s e n s c h a f t l i c h e und i n f o r m a t i o n s - t e c h n o l o g i s c h e Ansätze.

Scott unterteilt nach methodisch-entwicklungsgeschichtlichen Kriterien in k l a s s i s c h e , n e o k l a s s i s c h e und m o d e r n e Organisationsforschung. Letztere läßt sich weiter untergliedern in entscheidungsbezogene und systemtheoretische Ansätze.

49. Auf wen gehen die klassischen Organisationstheorien zurück? (70)

Die klassischen Organisationstheorien entstanden aus

- der mechanistisch-physiologischen Betrachtung von Taylor und
- dem administrativen Ansatz von Taylor und Fayol.

50. Wie geht die „Scientific-Management-Bewegung" das Organisationsproblem an?
(70)

Kennzeichen der von Taylor begründeten „Scientific-Management-Bewegung" sind:

- s y s t e m a t i s c h e s , wissenschaftliches Vorgehen bei der Lösung von Organisationsproblemen;
- m e c h a n i s t i s c h - i n s t r u m e n t a l e Betrachtung der Produktionsfaktoren Arbeit und Kapital.

51. Wie unterscheiden sich die administrativen Ansätze von Taylor und Fayol?
(70 f.)

Das F u n k t i o n s m e i s t e r - oder T ä t i g k e i t s s y s t e m von T a y l o r ist speziell auf den Produktionsbereich (Werkstätten) zugeschnitten. Auf der Grundlage von Arbeitsteilung und Spezialisierung treten anstelle von Universalmeistern die Funktionsmeister (i. d. R. acht: je vier in den Werkstätten und im Arbeitsbüro), denen die Arbeiter jeweils direkt unterstellt sind (G r u n d s a t z d e s d i r e k t e n W e g e s). Diese Mehrfachunterstellungen führen zu einem M e h r - L i n i e n - S y s t e m .

F a y o l geht von fünf Verwaltungsfunktionen (Vorausplanung, Organisation, Anordnung, Zuordnung, Kontrolle) aus. Als Leitungsprinzip fordert er die E i n h e i t d e r A u f t r a g s e r t e i l u n g :

- Nur e i n e vorgeordnete Stelle darf einer nachgeordneten Anweisungen geben.
- Gleichrangige Stellen sind über eine gemeinsame übergeordnete Stelle (Instanz) verbunden.

(E i n - L i n i e n - S y s t e m).

52. Welches Konzept liegt den Weiterentwicklungen des administrativen Ansatzes zugrunde?
(71 f., 81)

Der administrative Ansatz wurde durch die anglo-amerikanische Managementlehre und die deutsche betriebswirtschaftliche Organisationslehre (Nordsieck, Kosiol) weiter ausgebaut. Ziel ist die Entwicklung eines Zweck-Mittel-Schemas f o r m a l e r S o l l - R e g e l u n g e n , das sich an bestimmten Organisationsprinzipien orientiert.

Die spezifische Methodik besteht darin,

- die vom Markt gegebene Unternehmungsaufgabe in Teilaufgaben zu zerlegen (A n a l y s e),

- diese Teilaufgaben zu Aufgabeninhalten für gedachte Aufgabenträger in einzelnen Stellen, Abteilungen usw. zusammenzufassen (S y n t h e s e).

53. Arbeiten Sie die Grundzüge des Ansatzes von K o s i o l heraus. (72–79)

Kosiol nimmt eine gedankliche Abstraktion zweier real verbundener Seiten der Organisation vor:

- A u f b a u o r g a n i s a t i o n (Gebildestrukturierung, Strukturierung des Potentialgefüges) und
- A b l a u f o r g a n i s a t i o n (Prozeßstrukturierung, Strukturierung des Aktionsgefüges).

Die organisatorische Gestaltung geht von der A u f g a b e aus.

Innerhalb der Aufbauorganisation stellt die A u f g a b e n a n a l y s e nach den fünf analytischen Prinzipien

- Verrichtungen
- Objekt
- Rang (Entscheidung/Ausführung)
- Phase (Planung/Realisation/Kontrolle)
- Zweckbeziehung (exogen/endogen)

eine Vorstufe zur organisatorischen Gestaltung, der A u f g a b e n s y n t h e s e dar. Diese vereinigt die analytisch gewonnenen Teilaufgaben zu aufgaben- und arbeitsteiligen Einheiten (Stellen, Abteilungen).

Kosiol nennt fünf (gedanklich abstrahierte) Teilsysteme der Aufbauorganisation:

- V e r t e i l u n g s s y s t e m als Grundsystem: durch synthetische Verteilung von Teilaufgaben auf einen angenommenen Aufgabenträger entstehen S t e l l e n , d. h. personenunabhängige, versachlichte Aufgabenkomplexe;
- L e i t u n g s s y s t e m als rangmäßige Stellenverknüpfung durch Überordnung von Entscheidungs- über Ausführungsaufgaben (Instanzenbildung, → F 55);
- S t a b s s y s t e m als Leitungshilfssystem (→ F 56) zur quantitativen und qualitativen Kapazitätserweiterung;
- A r b e i t s s y s t e m aus den ständigen (materiellen, immateriellen oder nominalen) Austauschbeziehungen zwischen den Stellen und Abteilungen zur Erfüllung zusammenhängender Arbeitsprozesse;
- K o l l e g i e n s y s t e m für unständige, zeitlich begrenzte, immaterielle Arbeitsbeziehungen in besonderen Zusammenkünften (→ F 57).

Vorstufe zur Ablauforganisation ist die A r b e i t s - (gang) a n a l y s e. Sie zerlegt, hauptsächlich nach den Merkmalen

- Verrichtung
- Objekt,

die Elementaraufgaben aus der Aufgabenanalyse bzw. die Arbeitsgänge unter Betonung ihrer raum-zeitlichen Erfüllung.

Die ablauforganisatorische Gestaltung (A r b e i t s s y n t h e s e) hat die Bildung von Arbeitsgängen und Arbeitsgangfolgen (→ F 58) zum Ziel und umfaßt:

- A r b e i t s v e r t e i l u n g (personale Synthese, → F 60);
- A r b e i t s v e r e i n i g u n g (zeitliche Synthese, → F 61);
- R a u m g e s t a l t u n g (lokale Synthese): Anordnung und Ausstattung der Arbeitsplätze (Ziel: kürzester Weg).

54. Was versteht man unter Z e n t r a l i s a t i o n bzw. Dezentralisation? (73 f.)

Kosiol bezeichnet als Zentralisation (Dezentralisation) die Zusammenfassung (Trennung) von Teilaufgaben, die hinsichtlich eines Merkmals gleichartig sind.

Diese Teilaufgaben (Zentralisations- bzw. Dezentralisationsobjekte) werden bestimmten Stellen oder Abteilungen (Zentralisations- bzw. Dezentralisationszielen) zugeordnet.

Als Zentralisations- bzw. Dezentralisationsprinzipien kommen der Aufgabenträger, die fünf analytischen Prinzipien (→ F 53) und die Merkmale Sachmittel, Raum und Zeit in Betracht.

55. Erläutern Sie die Begriffe: Instanz und Abteilung. (74)

I n s t a n z e n sind Stellen, die überwiegend L e i t u n g s f u n k t i o n e n wahrnehmen. Zur Leitung sind Entscheidungs- und Anordnungskompetenz erforderlich.

Als A b t e i l u n g wird die Zusammenfassung mehrerer Stellen unter einer Instanz bezeichnet.

56. Welche idealtypischen Merkmale kennzeichnen eine S t a b s stelle? (75)

Eine Stabsstelle bzw. -abteilung
- ist Assistenz- und Entlastungsorgan der Leitung;
- leitet ihre Stabsaufgaben aus der jeweiligen Leitungsaufgabe ab;

- ist der zu unterstützenden Instanz direkt unterstellt, kann aber auch anderen Stellen informative und beratende Serviceleistungen anbieten;
- hat im Normalfall außerhalb der eigenen Stabsabteilung keine Anordnungsbefugnis.

57. Was versteht man unter einem Kollegium? (76)

Unter einem Kollegium wird die

- unständige, zeitlich begrenzte, räumlich konzentrierte Zusammenarbeit
- mehrerer Personen aus unterschiedlichen Stellen

verstanden (Kommissionen, Ausschüsse, Komitees, Konferenzen usw.).

58. Was bedeuten: Arbeitsgang, Gangfolge, Takt? (77 f.)

Arbeitsgang heißt die Verrichtung eines Arbeitsträgers (Person oder Sachmittel) an einem bestimmten Objekt in Raum und Zeit.

Eine Gangfolge (Arbeitsgangfolge) reiht gleichartige oder verschiedenartige Arbeitsgänge aneinander.

Ein Takt in einer Gangfolge bezeichnet die Zeitspanne vom Beginn eines Arbeitsganges bis zum Beginn des nächsten (Tätigkeits- und ggf. Wartezeit).

59. Welche Zielsetzung hat die Ablauforganisation? (76 f., 78)

Die Ablauforganisation strukturiert die in Raum und Zeit ablaufenden Arbeitsprozesse, wobei zwischen den beiden konkurrierenden Zielen

- kürzeste Durchlaufzeit aller Arbeitsobjekte (minimale Kapitalbindung)
- optimale Beschäftigung, d. h. gleichmäßige, möglichst volle Auslastung der Arbeitsträger (maximale Kapitalnutzung)

ein Kompromiß zu schließen ist (Dilemma der Ablaufplanung).

60. Welche Schritte umfaßt die Arbeitsverteilung? (77)

Die Arbeitsverteilung erfolgt in zwei Schritten:

- Bestimmung von Arbeitsgängen für einen gedachten Arbeitsträger;
- Arbeitsbesetzung, d. h. Zuteilung einer bestimmten Arbeitsmenge („Normalpensum") auf eine wirkliche Person.

61. Erläutern Sie Zielsetzung und Vorgehensweise der Arbeitsvereinigung. (78 f.)

Die Arbeitsvereinigung dient der zeitlichen Leistungsabstimmung mehrerer Arbeitsträger (Menschen, Sachmittel). Zur Zielsetzung vgl. F 59.

Die Arbeitsvereinigung geschieht in folgenden Stufen:
- Reihung von Arbeitsgängen zu Gangfolgen;
- Taktabstimmung für jede Gangfolge;
- Abstimmung der Durchschnittstakte der Gangfolgen mehrerer Arbeitsträger (ausgerichtet am Engpaß);
- Minimierung der organisatorischen Lager (durch Abbau ablaufbedingter Wartezeiten).

62. Welche Merkmale kennzeichnen das Bürokratiemodell? (80 f.)

Max Weber sieht seinen soziologischen Idealtypus „Bürokratiemodell" als effizientestes Soll-Schema legaler Herrschaftsausübung.

Das Bürokratiemodell läßt sich als Organisationspyramide (Abb. 5) darstellen und weist folgende Merkmale auf:

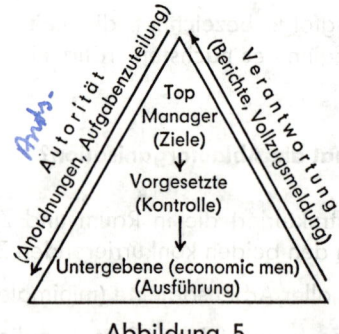

```
              Autorität                    Verantwortung
        (Anordnungen,                      (Berichte,
         Aufgabenzuteilung)                 Vollzugsmeldung)
                      Top
                    Manager
                     (Ziele)
                       ↓
                  Vorgesetzte
                   (Kontrolle)
                       ↓
              Untergebene (economic men)
                   (Ausführung)
```

Abbildung 5

- hohe Arbeitsteilung und Spezialisierung;
- stark formalisierte Arbeitsabläufe;
- detaillierte Aufgabenbeschreibung;
- Betonung vertikal verlaufender Kommunikationswege (Dienstwege);
- strukturelle Koordination über die Hierarchie;
- personale Koordination durch Amtsautorität, die – so wird unterstellt – mit der Fachautorität (Qualifikation) zusammenfällt;
- unpersönliche, rein funktionale Beziehungen zwischen den Organisationsmitgliedern.

63. Inwiefern ist die Erklärungskraft der klassischen Organisationsmodelle eingeschränkt? (81–83)

Die klassischen Zweckmodelle unterstellen:

- eine **relativ stabile Umwelt**;
- ein **mechanistisch-instrumentales Menschenbild**; die persönlichen Ziele stimmen mit den Organisationszielen überein (economic man); *mechanistischer Menschentyp, Arbeitsmaschine*
- das **Sachmittel bleibt ohne Einfluß** auf die Organisationsgestaltung;
- die Unternehmungsaufgabe und die Gestaltungsziele Rentabilität und Technizität als gegeben (**keine Zielbildungsprozesse**).

Diese Prämissen werden der Realität nicht (mehr) gerecht.

Die **Trennung zwischen Aufbau- und Ablauforganisation** ist praktisch nicht durchführbar. Die Aufbaustruktur hat sich an den Ablauf- bzw. Entscheidungsprozessen zu orientieren.

64. Wie läßt sich der Realitätsbezug der klassischen Ansätze erhöhen? (82–84)

Bleicher bezieht Menschen und Sachmittel als aktive Faktoren ein, indem er für die Gestaltung des Verteilungssystems

a) als Idealfall die **simultane** Zuordnung von Aufgaben, Personen und Sachmitteln;

b) ersatzweise **sukzessive** Zuordnungen:
- herkömmlich **aufgabenorientierte** („Organisation ad rem"),
- **persönliche** („ad personam") oder
- **sachmittelorientierte** („ad instrumentum")

Verteilungsgestaltung vorschlägt.

Wild versucht in seiner **Aktionsanalyse und -synthese** die Interdependenz von Aufbau und Ablauf simultan zu berücksichtigen.

65. Welcher Stellenwert kommt den klassischen **Organisationsgrundsätzen** für Theorie und Praxis zu? (84 f.)

Die Organisationsgrundsätze repräsentieren entweder

a) bloße **Ziel**forderungen (z. B. Wirtschaftlichkeit), die meist nicht operational sind (z. B. Gleichgewicht) oder

b) **empirisch** meist **nicht fundierte** Handlungsanweisungen, deren Anwendungsbedingungen nicht spezifiziert sind, also lediglich Organisations **möglichkeiten**.

Wissenschaftstheoretischen Kriterien (→ B 1/F 15) genügen sie nicht.

Organisationsgrundsätze in Form von Handlungsanweisungen lassen sich jedoch für die **Theoriebildung** nutzen, indem man sie unter genauer Angabe der Randbedingungen und des Gestaltungszieles in nomologische Hypothesen umformuliert, so daß ihr empirischer Gültigkeitsbereich geprüft werden kann.

Für die Organisations **praxis** sind die Grundsätze an ihrem Handlungserfolg zu messen (vgl. B 1/F 33).

66. Beurteilen Sie den wissenschaftlichen Aussagegehalt des klassischen Organisationsansatzes. (85 f.)

Die Klassik entwickelte

a) einen **begrifflich-theoretischen Bezugsrahmen** mit hoher Abstraktion, der die praktische Problemanalyse und -lösung vereinfacht;

b) **ideale Beschreibungsmodelle**, die trotz ungeprüfter Effizienzbehauptung die Organisationspraxis stark beeinflußt haben.

Die Aussagen der Klassiker stellen eine begriffliche, deskriptive und explorative **Vorstufe zur Theoriebildung** dar.

III. Neoklassische Organisationsansätze Block 4

67. Kennzeichnen Sie die neoklassischen Ansätze anhand ihrer Objektbereiche und Erkenntnisziele! (87–89, 97 f.)

Die Neoklassik geht auf die Kritik an der mechanistisch-physiologischen Betrachtungsweise des Taylorismus und auf die Erforschung menschlich-sozialer Probleme in der Industrie- und Betriebssoziologie zurück. Die Organisation wird als soziales Gebilde betrachtet; die soziologische und psychologische Fragestellung nach den intra- und interpersonalen Beziehungen und Prozessen steht im Vordergrund. (H u m a n - R e l a t i o n s - B e w e g u n g). Die pragmatische Zielsetzung dominiert.

Entwicklungsgeschichtlich und sachlich lassen sich nach Leavitt zwei Richtungen unterscheiden:

(1) M a n i p u l a t i v - p e r s o n a l e   A n s ä t z e: Der untersuchte Objektbereich ist auf die informale Organisation als Ausdruck menschlicher und sozialer Beziehungen beschränkt. Die formale Organisation und damit die strukturell bedingte Variable Macht bleiben außerhalb der Betrachtung. Als pragmatisches Ziel wird wie in der klassischen Organisationstheorie die P r o d u k t i v i t ä t der Organisation angestrebt, jedoch über die Steigerung der Z u f r i e d e n h e i t der Organisationsmitglieder.

(2) M a c h t - A u s g l e i c h s - A n s ä t z e: Das zentrale Erkenntnisinteresse an den Auswirkungen der Variablen Macht auf die Organisationsstruktur führte zur Erweiterung auf Zusammenhänge zwischen formaler und informaler Organisation. Die Praxeologie strebt über gleichmäßige Machtverteilung in der Organisation die S e l b s t v e r w i r k l i c h u n g   d e s   M e n s c h e n am Arbeitsplatz an.

68. Wodurch wurde das Erkenntnisinteresse an der informalen Organisation ausgelöst? *Hawthorne-Experiment* (88)

In den H a w t h o r n e - Werken der Western Electric Company in Chicago führten Mayo, Roethlisberger, Dickson, Whitehead in den Jahren 1924–1932 Untersuchungen zur Feststellung der arbeitsphysiologischen Einflußfaktoren auf die *menschl. Arbeit* Arbeitsproduktivität durch.

Bei den ersten Experimenten stieg zwar die Arbeitsleistung in der Testgruppe mit verbesserten Arbeitsbedingungen (bessere Beleuchtung) wie erwartet an, jedoch überraschend auch in der Kontrollgruppe. Auch in den weiteren Versuchen wurde keine direkte Beziehung zwischen physischen Arbeitsbedingungen und Produktivität festgestellt.

Auf der Suche nach einer Erklärung stieß man auf die informalen Verhaltensweisen und Beziehungen (informale Gruppe, informale Kommunikation, informale Führung).

69. Grenzen Sie die formale und informale Organisation voneinander ab.

(88, 91 f.)

Die **formale (skalare) Organisation** zielt auf geplantes, zum Unternehmungsziel und zum Anordnungs- und Berichtsweg konformes Verhalten ab. Sie strebt Kongruenz zwischen hierarchischer Position und deren Status (gesellschaftlichem Wert in den Augen der Organisationsmitglieder) an. Die formale Autorität ist an die Anordnungs- und Sanktionsrechte einer Position gebunden.

Die **informale Organisation** ist geprägt durch

- ein ungeplantes Netz sozialer Beziehungen, das auf
- (teilweise) übereinstimmenden persönlichen Zielen und Erwartungen ihrer Mitglieder aufbaut,
- spontane, situationsabhängige Entstehung,
- personale Autorität, die sich auf persönliche Eigenschaften und Fähigkeiten gründet,
- Abweichungen zwischen Statusniveau und hierarchischer Position.

Das informale Verhalten ergänzt und überlagert die Formalorganisation.

70. Welche Auswirkungen haben die informalen Beziehungen auf die Erfüllung der Unternehmungsaufgabe?

Die informalen Beziehungen können die Erfüllung der Unternehmungsaufgabe fördern oder hemmen.

Positive Wirkungen:

- höhere Innovations- und Anpassungsfähigkeit durch kürzere Informationswege, Kohäsion zur Zusammenarbeit, unverfälschte Informationen;
- Förderung produktiver Konflikte durch den Abbau sachlicher, zeitlicher, räumlicher, psychologischer Barrieren.

Negative Wirkungen:

- unkoordinierte Aktivitäten;
- unproduktive Machtkämpfe; *informaler Machtführer*
- Verantwortungslosigkeit der informalen Gruppe.

71. Wie beeinflussen informale Erscheinungen die Motivation der Organisationsmitglieder?

Positiv auf die Motivation wirken

- Erhöhung des Handlungsspielraums
- Nachwuchsprofilierung *, -förderg*
- erhöhte Zufriedenheit (ablesbar an geringerer Fluktuation und Abwesenheit).

Negativ auf die Motivation wirken

- informaler Gruppendruck (Akkordarbeit!) *Gruppenakkord*
- Verbreitung von Gerüchten, falschen oder geheimen Informationen, *Informationsdeformation*
- Verhaltensunsicherheit.

72. Wie kann man informale Beziehungen analysieren? (90 f.)

Zur Untersuchung sozialer Beziehungen (Anerkennung, Interaktion usw.) eignet sich speziell die **soziometrische Analyse**. Durch Beobachtung tatsächlichen Verhaltens oder Befragung wird gemessen, wer wen als Partner wählt (wählen würde), ablehnt oder wer sich indifferent gegenübersteht. Zusätzlich kann die Intensität der Beziehungen untersucht werden.

Die ermittelten Informationen können graphisch mithilfe eines **Soziogramms** (vgl. Abb. 6) dargestellt werden. Die Personen werden durch Kreise symbolisiert, die Beziehungen durch gerichtete Pfeile, die beim Gewählten (durchgezogene Pfeile) bzw. Abgelehnten (gestrichelte Pfeile) einmünden. Aus dem Soziogramm lassen sich u. a. Rangordnung, Gruppenkohäsion, mögliche Konfliktquellen und durch Gegenüberstellung Abweichungen zwischen formaler und informaler Organisation ablesen.

Umfangreiches Datenmaterial erfordert maschinelle Auswertungen und daher die Darstellung als **Soziomatrix**.

Abbildung 6

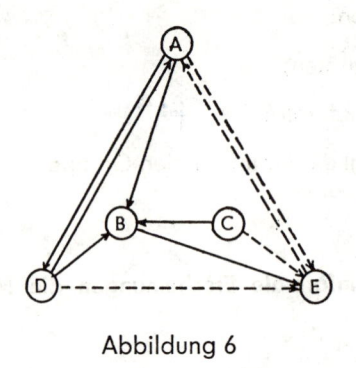

73. Was können Sie aus dem abgebildeten Soziogramm ablesen? (90)

B stellt den **informalen Führer** (Star) dar, weil er die meisten Wahlen auf sich vereinigt.

A und B bilden durch wechelseitige Wahlen eine soziometrische **Clique**.

E wird überwiegend abgelehnt (soziometrischer **Außenseiter**), jedoch von B allen anderen, denen B indifferent gegenübersteht, vorgezogen.

Zwischen A und E besteht **Antipathie**.

C wird von den anderen ignoriert (soziometrisch **Isolierter**).

74. Welche Funktion erfüllt die soziometrische Analyse im Rahmen organisatorischer Forschungsprozesse? Ziehen Sie Abb. 6 heran. (41 f., 90)

Für die Explorationsphase organisatorischer Forschung stellt die Soziometrie ein operationales Begriffssystem zur **Beschreibung** und **Messung** (→ B 1/ F 19) einer Klasse empirischer Sachverhalte, der sozialen Beziehungen, bereit.

Soziometrische Analysen können (z. B. beim Vergleich informaler und formaler Kommunikationsstrukturen) Anhaltspunkte über die Beziehungen zwischen organisatorisch relevanten sozialen Variablen liefern und zur empirischen Prüfung von Hypothesen dienen.

75. Welche Gestaltungsempfehlungen geben die manipulativ-personalen Ansätze? (89, 91 f.)

Die Vertreter der manipulativ-personalen Ansätze behaupten:

Der zufriedene Arbeiter ist zugleich ein produktiver Arbeiter.

diese Aussage kann durch Untersuchungen nicht genauer werden

Daraus folgern sie, daß soziale Bedingungen zu schaffen sind, die Zufriedenheit fördern: Soviel informaler Freiheitsspielraum wie möglich, soviel formale Organisation wie notwendig. Das informale Verhalten soll in den Dienst der Unternehmungsziele gestellt werden.

Organisatorische Konflikte, die sich z. B. aus dem Auseinanderklaffen formaler und persönlicher Autorität in einer Position oder aus sozialen Widerständen gegen geplante technische oder organisatorische Veränderungen ergeben können, soll das Management durch gruppenorientierte Verhaltensweisen eindämmen. Die nötige soziale Geschicklichkeit wird dem Management zugeschrieben.

76. Beurteilen Sie den Erkenntnisbeitrag der manipulativ-personalen Ansätze.
(92 f., 97)

Die analytische Trennung in formale und informale Organisation ist **aspekt-, nicht problem-orientiert**, da beide Bereiche in der Ist-Organisation verschmelzen. Über das Ausmaß genereller Regelung wird der informale Freiheitsbereich bewußt mitbestimmt. Das abstrakt-isolierende Vorgehen hat jedoch heuristischen Wert für die Entdeckung fruchtbarer Ausgangshypothesen.

Die raum-zeitlich beschränkten, **empirisch ungenügend abgesicherten** Hypothesen werden unzulässig in **normativ verallgemeinerte Praxisempfehlungen** umgesetzt. Die Untersuchungen beziehen sich auf zeitlich-beschränkt zusammengesetzte Arbeitsgruppen der unteren (operativen) Unternehmungsebene. Die obere Unternehmungsleitung, insbesondere ihre Fähigkeit zur konfliktfreien Führung, wird nicht analysiert.

Die unterstellte direkte, positive Beziehung zwischen Zufriedenheit und Produktvität ist empirisch nicht bestätigt. Nach neueren empirischen Untersuchungen ist die Beziehung wegen des Einflusses intervenierender Variablen (z. B. Bedürfnisstruktur, Gruppenkohäsion usw.) nicht eindeutig.

Das Verdienst der manipulativ-personalen Forschungsrichtung bleibt die **Erweiterung des organisatorischen Problembereichs** auf die psycho-soziale Dimension der Organisation.

77. Erläutern Sie den soziologischen Begriff der Rolle.
(94)

Unter Rolle versteht man ein **Bündel sozialer Erwartungen** oder Zumutungen, die andere Personen (**Rollensender**) an den Inhaber einer Position (**Rollenempfänger**) stellen.

Jede Position ist durch ihre Interaktionsbeziehungen zu anderen (komplementären) Positionen festgelegt. Gleichartige Beziehungen bilden ein **Positionssegment**. Die Position „Vorarbeiter" besteht z. B. aus den Positionssegmenten „Vorarbeiter – Arbeiter", „Vorarbeiter – Vorgesetzte", „Vorarbeiter – Kollegen". Analog läßt sich eine Rolle in R o l l e n s e g m e n t e aufteilen.

Die erwarteten oder geforderten Verhaltensweisen und Eigenschaften des Positionsinhabers sind innerhalb eines Positionssegmentes relativ ähnlich, zwischen den Segmenten unterschiedlich.

78. Welche Bedeutung hat die Rollenkonzeption für die Organisationsforschung?
(94 f.)

Soziologische Theorien arbeiten mit dem Modell des „Homo sociologicus", der sich r o l l e n k o n f o r m (den Rollenerwartungen gemäß) verhält.

Das reale Verhalten kann jedoch vom Rollenverhalten abweichen. Die Unternehmung steht vor dem Problem, die Organisationsmitglieder zu rollenkonformem Verhalten zu veranlassen. Verhaltensabweichungen sind aber oft nur schwer feststellbar, da in der betrieblichen Realität meist ein beabsichtigter oder geduldeter, r o l l e n k o n f o r m e r V e r h a l t e n s s p i e l r a u m besteht.

Die Abkehr von der „Homo-sociologicus"-Annahme erlaubt die e m p i r i s c h e Untersuchung der Ursachen und Wirkungen rollenkonformen und -inkonformen Verhaltens. Die Rollenanalyse führt zur integrierten Betrachtung organisationaler, persönlicher und interpersonaler Faktoren.

79. Welche Ursachen rolleninkonformen Verhaltens lassen sich unterscheiden?
(96)

Rolleninkonformes Verhalten wird ausgelöst durch:

- I n t r a s e n d e r - K o n f l i k t e : widersprüchliche Erwartungen e i n e s Rollensenders an einen Positionsinhaber;
- I n t e r s e n d e r - K o n f l i k t e : sich widersprechende Rollenerwartungen mehrerer Rollensender eines Segmentes;
- K o n f l i k t e z w i s c h e n R o l l e n : auf eine Person entfallen mehrere Rollen mit unterschiedlichen Erwartungen;
- P e r s o n e n - R o l l e n - K o n f l i k t e : Gegensatz zwischen der Rollenauffassung des Positionsinhabers und den Rollenerwartungen;
- R o l l e n ü b e r l a s t u n g : vom Rollenempfänger wird auch bei Vereinbarkeit der Rollen zuviel auf einmal erwartet; er muß daher einige Rollensender enttäuschen;
- R o l l e n m e h r d e u t i g k e i t : den Positionsinhabern ist infolge unvollständiger Informationen über ihre Rolle keine eindeutige Verhaltensorientierung möglich.

80. Welche Probleme stellt die Handhabung von Rollenkonflikten? (96 f.)

Ob und wann sich Rollenkonflikte hemmend und störend (Spannungen, sinkende Zufriedenheit) oder antreibend und integrierend auswirken, ist bisher empirisch nicht hinreichend geklärt. Konfliktbeseitigung erscheint nicht in jedem Fall erstrebenswert.

Welche Rollenkonflikte im konkreten Fall inkonformes Verhalten auslösen, ist in der Organisation nur schwer feststellbar.

Auch bei bekannten Konfliktbedingungen läßt sich meist nur eine labile „Quasi-Lösung" der Gegensätze finden, die oft neue Konflikte hervorruft.

81. Von welchen Zielen und Normen gehen die Macht-Ausgleichs-Ansätze aus? (97–100)

Die Vertreter des Macht-Ausgleichs-Gedankens bekennen sich zum Bild des mündigen, leistungswilligen Menschen, der nach Selbstverwirklichung am Arbeitsplatz strebt (T h e o r i e   Y).

Die Organisationsstruktur ist an die Wünsche und Ziele der Organisationsmitglieder anzupassen. Eine gleichmäßige Machtverteilung soll die Selbstverwirklichung und Zufriedenheit der Mitarbeiter fördern.

82. Welche Annahmen über die Motivationsstruktur liegen den Macht-Ausgleichs-Ansätzen zugrunde? (98 f.)

Maslow geht von einer B e d ü r f n i s h i e r a r c h i e aus: Erst wenn die untergeordneten Bedürfnisschichten: die physiologischen Bedürfnisse, dann das Sicherheitsstreben, schließlich die Ich-Bedürfnisse (Selbstvertrauen, Anerkennung) befriedigt sind, wirkt das Streben nach Selbstverwirklichung verhaltensbeeinflussend.

Im Z w e i - F a k t o r e n - M o d e l l von Herzberg wird unterstellt: Die Abwesenheit von H y g i e n e f a k t o r e n oder dissatisfiers (Anreizen, die physiologische und Sicherheitsbedürfnisse ansprechen) erzeugt Arbeitsunzufriedenheit. M o t i v a t i o n s f a k t o r e n oder satisfiers (bezogen auf Ich- und Sozialbedürfnisse, Selbstverwirklichung) bestimmen die Arbeitszufriedenheit und dämpfen den negativen Einfluß fehlender Hygienefaktoren.

83. Mit welchen Maßnahmen soll die Selbstverwirklichung erreicht werden?
(99–101, 106, 110–112)

Die Organisationsstruktur soll den Mitarbeitern

a) **A u t o n o m i e** bereiche gewähren durch

- Abbau formaler und Betonung persönlicher Autorität,
- Erweiterung der Kontrollspanne,
- Mitsprache-, Mitwirkungs- und Mitentscheidungsrechte;

b) **P a r t i z i p a t i o n** (Einflußmöglichkeiten auf die Entscheidungsprozesse) verschaffen durch

- teamartige und sich überlappende Gruppenstrukturen (Likert),
- ergänzt durch einen partizipativen Führungsstil.

Der zur Realisierung dieser Strukturkonzepte erforderliche Prozeß der Machtumverteilung soll durch

- Macht-Ausgleichs-Techniken,
- geplanten organisatorischen Wandel

gefördert werden.

84. Wie wird die Forderung nach Autonomie begründet? (100)

Die Autonomieforderung stützt sich auf McGregor, der eine Revision der traditionellen Annahmen der klassischen Organisationstheorie über menschliches Verhalten (Theorie X) zugunsten der Theorie Y fordert.

Während **T h e o r i e X** vom Bild

- des arbeits- und verantwortungsscheuen, nach Sicherheit strebenden Menschen ausgeht,
- der streng geführt und kontrolliert werden muß und will,

besagt **T h e o r i e Y**, daß der Mensch

- arbeitswillig ist,
- unter bestimmten Bedingungen verantwortungsfreudig wird,
- sich mit den Unternehmungszielen identifiziert, wenn seine Ich- und Selbstverwirklichungs-Bedürfnisse befriedigt werden,
- nach Eigenentscheidung und Eigenkontrolle strebt,

ferner, daß in der modernen Industriegesellschaft

- ein weitverbreitetes qualifiziertes Kreativitätspotential für die Lösung organisatorischer Probleme besteht,
- die intellektuellen Fähigkeiten nur partiell genutzt werden.

85. Welche Faktoren beeinflussen das Individual- und Gruppenverhalten von Unternehmungsmitgliedern? (100 f.)

McGregor unterscheidet in Anlehnung an Lewin folgende sich wechselseitig beeinflussende Variablen, die das menschliche Verhalten in der Unternehmung bestimmen:

- Eigenschaften, Kenntnisse, Fähigkeiten des Individuums bzw. der Gruppenmitglieder
- Aufgabe(nmerkmale)
- Struktur und interne Kontrolle des Subsystems
- Fähigkeiten, Eigenschaften usw. des Führers
- unternehmungsinterne und gesellschaftliche Umwelt des Individuums bzw. der Arbeitsgruppe.

86. Stellen Sie die Hauptaussagen der p o l a r e n Organisationsauffassung in einer Tabelle zusammen. (102, 105 f.)

Die polaren Organisationsstrukturen (Abb. 7, S. 92) stellen idealtypische Eckpunkte dar, zwischen denen zahlreiche reale Mischformen auftreten.

87. Skizzieren Sie das „M i x - M o d e l l" von Argyris. (101–105)

Argyris behauptet, daß in ranghierarchischen (bürokratischen) Organisationsstrukturen eine leistungshemmende Diskrepanz zwischen den organisationalen und den individuellen Wert- und Zielvorstellungen besteht. Eine größere Übereinstimmung bringt – so wird unterstellt – im Fall mündiger Mitarbeiter einen Effizienzanstieg und läßt sich durch Annäherung der Organisation an den rechten Eckpunkt der polaren Strukturen (→ F 86) erreichen.

Argyris unterscheidet vier alternative Strukturtypen, die zunehmend mehr individuelle Autonomie (rechter Pol) gewähren:

    I: streng hierarchisch-formal;

    II: modifiziert formal, entsprechend dem Modell der „überlappenden Gruppen" (→ F 88);

Autoren	Bezeichnung der Organisationsformen	
Burns/Stalker Litwak Bennis Argyris	mechanistisch bürokratisch gewohnheitsmäßig hierarchisch (I)	organisch human relations problemlösend symmetrisch (IV)
entspricht	Theorie X	Theorie Y
Dimensionen		
Entscheidung und Kontrolle	in der obersten Führungsebene	dezentralisiert
Zielorientierung	Suboptimierung der Teilbereiche	auf Gesamtoptimum ausgerichtet
Verantwortung für Zielerreichung	beim Vorgesetzten	dezentralisiert
Information, Belohnung, Bestrafung	zentralisiert	Mitentscheidung der Mitarbeiter
Art der Zielaktivitäten beeinflußt von	Gegenwart	Vergangenheit, Gegenwart und Zukunft
Führungsstil	aufgabenorientiert, basierend auf Abhängigkeit und passiver Konformität	mitarbeiterorientiert, kooperativ, basierend auf Vertrauen und personaler Autorität
soziales Verhalten	Betonung des sozialen Status; interpersonelle Rivalität	Kooperation zwischen den Gruppen und Individuen
Effizienzbehauptung		
besser geeignet für	stabile Umwelt, gut-strukturierte Entscheidungsprozesse	dynamische Umwelt, schlecht-strukturierte Entscheidungsprozesse
Anpassungsfähigkeit	niedrig	hoch
Selbstverwirklichung	niedrig	hoch

Abbildung 7

III: Machtverteilung nach dem funktionalen Beitrag zur Zielerreichung;

IV: symmetrische Machtverteilung.

Der Einsatz dieser Strukturen

- ist abhängig von den Merkmalen der Entscheidungs s i t u a t i o n ;
- v a r i i e r t daher für jede Organisation und auch innerhalb einer Organisation;
- wird durch Entscheidungsregeln bestimmt, die innerhalb Struktur IV festzulegen sind;
- erfordert einen an die Struktur angepaßten F ü h r u n g s s t i l .

Die S y n t h e s e (Mix) solcher Strukturtypen entsprechend der spezifischen Gesamtsituation ergibt die e f f i z i e n t e Organisationsstruktur.

88. Skizzieren Sie das Modell der ü b e r l a p p e n d e n G r u p p e n. (106–110)

Aus empirischen Untersuchungen zieht Likert den Schluß, daß partizipative, auf Gruppenentscheidungsprozessen aufgebaute Strukturen motivationsfördernder und anpassungsfähiger und daher auf lange Sicht leistungsfähiger sind als bürokratische Strukturen.

Sein Organisationskonzept sieht ein hierarchisches System überlappender Gruppen vor. Jede Gruppe erhält ein gemeinsames Gruppenziel und einen autonomen Aufgaben- und Entscheidungsbereich und soll nach folgenden P r i n z i p i e n funktionieren:

- g e g e n s e i t i g e L o y a l i t ä t , Vertrauen und Unterstützung;
- G r u p p e n e n t s c h e i d u n g e n , an denen alle Gruppenmitglieder gleichberechtigt und aktiv mitwirken (Mehrheit erforderlich);
- G r u p p e n v e r a n t w o r t u n g für die Erfüllung der Gruppenaufgabe: intern alle Mitglieder, nach oben der Gruppenleiter;
- h o h e s L e i s t u n g s s t r e b e n , indem die Partizipation den Mitarbeitern ermöglicht, mit den Gruppenzielen auch ihre eigenen Ziele zu verwirklichen.

Die Gruppen sind durch „l i n k i n g p i n s" (Bindeglieder, d. h. Mitarbeiter, die gleichzeitig zwei Gruppen angehören) verbunden, und zwar

- vertikal durch den Gruppenführer, der seine Gruppe in der übergeordneten Gruppe vertritt;
- horizontal (zwischen Gruppen gleicher Ebene) durch irgendein Gruppenmitglied.

Die Bindeglieder erfüllen Kommunikations-, Vermittlungs- und Koordinationsfunktionen.

Mehrfachmitgliedschaft, Mehrfachunterstellung und Mehrfachverantwortung der Mitarbeiter lassen ein den Entscheidungsinterdependenzen angepaßtes, multilaterales Interaktions- und Einflußsystem entstehen.

[handschriftlich: Entscheidgen in d Gruppe sind mehrheitl zu fassen; wenn keine Mehrh: Entscheidg d Vorstandes, um Erfüllg d Unternehmensaufgabe zu wahren]

89. Welche Schwächen weist der Führungsstilansatz von Blake und Mouton auf? (110 f.)

Das von Blake und Mouton entwickelte **Verhaltensgitter** stellt ein zweidimensionales Klassifikationsschema **möglicher Führungsstile** nach dem Grad der ökonomischen und humanen Zielerreichung (bzw. Produktivität und Zufriedenheit) dar.

Die Forderung nach Verwirklichung der 9.9.-Führung (gleichzeitig maximale Produktivität und Zufriedenheit) mittels adäquater Ausbildung unterstellt Unabhängigkeit oder Komplementarität beider Ziele. In hochindustrialisierten Gesellschaften – mit relativ hohem Produktivitäts- und Humanisierungsniveau – spricht jedoch mehr für eine Zielkonkurrenz.

Die Frage nach der Effizienz der Führungsstile in verschiedenen Anwendungssituationen bleibt unbeantwortet.

90. Kennzeichnen Sie die wichtigsten Macht-Ausgleichs-Techniken. (111 f.)

Zu den Macht-Ausgleichs-Techniken zählen:

a) **Erfolgsbeteiligungspläne**, um die Identifikation der Mitarbeiter mit den Unternehmungszielen zu fördern (Vorbild: **Scanlon-Plan**), heute zumeist unter dem Schlagwort „gerechte Vermögensverteilung" diskutiert (z. B. Pieroth-, Rosenthal-Plan);

b) **Sensitivity oder T-group Training**: Verhaltenstraining zur Verbesserung
- des sozialen Verhaltens (machtfreie Kommunikation und Interaktion)
- der Anpassungsfähigkeit und -bereitschaft an organisatorische Veränderungen,

indem unter Laborbedingungen in gemischten Kleingruppen
- zwischenmenschliche Beziehungen bewußt erlebt und
- gruppendynamische Kenntnisse erlernt werden.

[handschriftlich: Verhaltensgitter von Blake - Monton]

91. Welche Fragestellungen erörtern die Ansätze des **geplanten organisatorischen Wandels**? (112–114)

Die teilweise sehr heterogenen, vorwiegend verhaltenswissenschaftlichen Ansätze des geplanten organisatorischen Wandels zielen auf verbesserte Anpassungsfähigkeit der Organisation an ihre Umwelt, meist auch auf einen Machtausgleich ab. Dies soll primär durch eine Änderung in den Verhaltensmustern der betroffenen Organisationsmitglieder erreicht werden.

Es lassen sich drei Entwicklungsrichtungen unterscheiden:

a) Die **ideologische** Fragestellung: „Sollte der Wandel überhaupt geplant werden?" beantwortet sich heute angesichts des raschen technisch-sozialen Wandels von selbst.

b) Innerhalb der **theoretischen** Untersuchungen („Wie vollzieht sich der Systemwandel?" – theory of change) unterscheidet Leavitt nach dem Gegenstand der Anpassungsprozesse aufgabenbezogene (Produktinnovation), humanbezogene, technologische und strukturelle Ansätze, die sich ergänzen. Der Schwerpunkt lag bisher auf den sozial-psychologischen Humanansätzen.

c) Heute steht die **real-praxeologische** Fragestellung im Vordergrund: „Wie, durch welche **Prozesse**, läßt sich ein System geplant wandeln?" (theory of changing).

92. Welche Rollen lassen sich im Wandlungsprozeß unterscheiden? (112 f.)

Die verhaltenswissenschaftlichen Konzepte untergliedern das Anpassungssystem in:

a) **Änderungspromotor** (change agent), der als (möglichst verhaltenswissenschaftlich ausgebildeter) Experte den Wandel initiiert, fördert und realisiert;

b) **Klientensystem** (client system), der vom geplanten Wandel betroffene Teil der Organisation;

c) **change catalyst**, d. h. die Person(en) oder Gruppe, die zwischen Änderungsagent(en) und Klientensystem vermittelt und eine Integration auf das Unternehmungsganze betreibt.

Änderungspromotor(en) und change catalyst können Organisationsmitglieder oder externe Personen (Berater) sein.

93. In welchen Phasen verläuft der Wandlungsprozeß? (114)

In Anlehnung an Lewin werden idealtypisch drei Phasen genannt:

- **Anregungsphase** („unfreezing"), die den bestehenden Zustand in Frage stellt,
- **Such- oder Entwurfsphase** neuer Konzeptionen („changing") und
- **Durchsetzung und Stabilisierung** auf einem neuen Niveau („refreezing").

94. Beurteilen Sie den Erkenntnisbeitrag der Macht-Ausgleichs-Ansätze. (115–118, 122)

Die Aussagen der Macht-Ausgleichs-Ansätze sind **sozialethisch motiviert**. Aus dem optimistischen Geist amerikanischen Demokratiebewußtseins heraus wird die Ablösung des statischen Bürokratiemodells durch den gegensätzlichen Idealtypus gefordert, der nötige Wandel mithilfe dynamischer Sozialtechniken als machbar propagiert.

Die Verhaltensannahmen und Effizienzbehauptungen sind **empirisch ungenügend abgesichert** und stellen **unzulässige Verallgemeinerungen** dar.

Weitere Einwände richten sich gegen

- die Unterstellung, hohe Zufriedenheit bewirke hohe Produktivität;
- die Gleichsetzung von effizienter Unternehmungsführung mit effizienter Menschenführung;
- die einseitige Ausrichtung auf das Organisationselement Mensch.

Der **Anwendungsbereich** der Aussagen ist vorwiegend auf Unternehmungsbereiche mit innovativen, neuartigen Aufgaben und qualifizierten Mitarbeitern **begrenzt**. Die Aussagen bedürfen daher einer Relativierung, wie sie sich z. B. bei Argyris (→ F 87) andeutet.

95. Auf welche Grenzen stößt die Partizipation in der Praxis? (117)

Die effiziente Anwendung der Partizipation wird beschränkt durch

- Zeitdruck
- Wirtschaftlichkeitsüberlegungen
- Geheimhaltung
- Existenz geeigneter Kommunikationskanäle
- Qualifikation der Mitarbeiter

- Art der Aufgabe (Programmierbarkeit)
- dysfunktionale Wirkungen.

Negative Partizipationswirkungen können sich ergeben durch

- Desinteresse und Entfremdung von Gruppenmitgliedern, deren Meinungen nicht anerkannt werden
- Gruppenegoismus infolge größerer Gruppenkohäsion
- unerfüllbare Erwartungen auf noch stärkere Einflußnahme
- oft hohe Zeit- und persönliche Beanspruchung mit der Gefahr von Frustrationen und unbrauchbaren Lösungen.

96. Wie wirkt sich eine ausgeglichenere Machtverteilung auf Motivation und Zufriedenheit aus? (118 f.)

Tendenziell positiv. Das Motivationspotential der Partizipation ist jedoch dadurch begrenzt, daß

- in Familie, Freundeskreis, Freizeit Kompensationsmöglichkeiten für eine niedrige Arbeitszufriedenheit bestehen;
- nicht jeder Mensch im Sinne der Theorie Y verantwortungs- und kooperationsbereit ist;
- geringere Karriere- und Aufstiegschancen in partizipativ verflachten Hierarchien die Motivation bremsen und unproduktive Rivalitätskonflikte auslösen können;
- auch monetäre Anreize sich zur Befriedigung höherer Bedürfnisse (z. B. Selbstverwirklichung) eignen.

97. Wie beeinflußt Partizipation die Produktivität? (120–122)

Partizipation fördert zwar tendenziell die Motivation, diese jedoch nicht immer die Produktivität. Wird bei programmierbaren Aufgaben das technologische Produktivitätspotential optimal ausgeschöpft, so bringt Motivationssteigerung durch Partizipation – im Gegensatz zu nicht programmierbaren und innovativen Aufgaben – keinen Produktivitätszuwachs.

Hoher Zeitbedarf und langsame Reaktion partizipativer Entscheidungen können die Leistungsfähigkeit mindern. Ob Partizipation zu effizienteren oder schlechteren Lösungen führt, hängt vom relativen Informationsstand und Sachverstand von Mitarbeitern und Vorgesetzten ab.

Tannenbaum hat empirisch nachgewiesen, daß die Produktivität der Organisation durch bloße Machtumverteilung zwischen den Rangebenen (wie in den

Macht-Ausgleichs-Ansätzen) kaum beeinflußt, hingegen durch stärkeren Einfluß von Vorgesetzten bzw. Vorgesetzten und Mitarbeitern infolge eines höheren Gesamt-Machtbetrages wahrscheinlich gesteigert wird. Diese Ergebnisse relativieren den Effizienzanspruch der Partizipation.

98. Welche wirtschaftlichen Überlegungen schränken die Realisierung des Partizipations- und Autonomiegedankens ein? (120–122)

Dem möglichen Anstieg von Produktivität und Zufriedenheit stehen Kosten, Risiken und finanzielle Belastungen gegenüber:

a) Umstellungskosten

- für Umschulung oder Ersatz autokratisch-führender Vorgesetzter,
- dadurch Gefahr des Ausscheidens fähiger Mitarbeiter und u. U. existenzgefährdender Know-how-Verlust;
- für Aufbau der Regeln und Kontrollen für das Gruppenverhalten;
- für Verhaltenstraining;
- für die erforderliche, an der Aufgabe ansetzende Umgestaltung von Arbeitsplätzen der operativen Ebene;

b) laufende Kosten

- für gleichmäßige Informationsversorgung;
- durch Entscheidungsmängel im Fall unzureichender Erfahrung und Qualifikation der Mitarbeiter.

IV. Entscheidungsbezogene Organisationsansätze

A. Mathematisch-statistische Ansätze Block 5

99. Wodurch unterscheiden sich die modernen von den klassischen und neoklassischen Organisationstheorien? (123)

Während sich die Klassik auf aufgabenbezogen-ökonomische Organisationsprobleme und die Neoklassik auf den Humanaspekt konzentriert, streben die modernen entscheidungs- und systemorientierten Organisationsansätze dagegen eine problemorientierte Integration der technisch-aufgabenbezogenen und der menschlich-sozialen Aspekte der Organisation unter ökonomischen Gesichtspunkten an.

Die Fragestellung lautet: Welche Zielwirkungen resultieren aus einzelnen Strukturierungsalternativen unter gegebenen oder zu schaffenden Bedingungen des Organisationsobjektes?

100. Kennzeichnen Sie die Problemstellung der entscheidungstheoretischen Ansätze. (123 f., 169 f.)

Im Mittelpunkt des Interesses stehen die unternehmerischen Entscheidungen.

Es gibt zwei Entwicklungsrichtungen:

a) Die **mathematisch-statistische** Entscheidungstheorie (-logik) befaßt sich mit der Entscheidungs **struktur**. Sie strebt ideal-praxeologische Aussagen über die optimale Auswahl unter gegebenen Handlungsalternativen bei gegebenen Umweltbedingungen an (**normativer Ansatz**).

b) Die **verhaltenswissenschaftlichen** Entscheidungstheorien streben **deskriptive**, empirisch überprüfbare Aussagen über das reale menschliche Entscheidungsverhalten, nämlich individuelle und kollektive (gruppen-dynamische) Entscheidungs **prozesse** in der Unternehmung, an.

101. Nennen Sie organisatorische Anwendungsbereiche der mathematisch-statistischen Entscheidungstheorie. (124 f.)

Die mathematisch-statistische Entscheidungstheorie liefert Beiträge zu **ablauforganisatorischen**

- Reihenfolge-, Terminierungs- und Gruppierungsproblemen (Sequenzanalyse und Reihenfolgeplanung)

und in der **Aufbauorganisation** zur

- Stellenbildung und -besetzung
- Kommunikationsstruktur
- Koordination.

102. Wie vollzieht sich die Abteilungsbildung? (125 f.)

Die Abteilungsbildung kann erfolgen durch:

a) **Kombinationsmodelle** („bottom up"), d. h. durch Synthese der Teilaufgaben zu Abteilungsaufgaben (Beispiel: Müller-Merbach, → F 106) oder *hierarchisch*

b) **Delegationsmodelle** („top down"), d. h. durch Aufgabenübertragung von der obersten Leitung auf untergeordnete Abteilungen oder Stellen (Beispiel: Morgenstern, → F 108).

103. Welche Bedingungen schränken die Möglichkeiten der Stellen- bzw. Abteilungsbildung ein? (126 f.)

Die Zahl der zulässigen aus den möglichen Stellen- bzw. Abteilungsstrukturen wird begrenzt durch

- Art und Grad der sachlichen Abhängigkeit der (Entscheidungs- oder Ausführungs-)Teilaufgaben;
- die raum-zeitliche Ablaufstruktur der Informations- und körperlichen Arbeitsprozesse;
- die **Qualitäts-** und die **Quantitäts-** oder **Kapazitätsbedingung** (keine fachliche und zeitlich-mengenmäßige Überbeanspruchung der „normalen" Leistungsfähigkeit des gedachten Stelleninhabers bzw. der Abteilung);
- die **Zielbedingung** (Verträglichkeit der Ziele und Entscheidungsregeln der Abteilungen mit denen der Unternehmung).

104. Erläutern Sie die Komponenten modellanalytischer Lösungsansätze. (126 f.)

Modellanalytische Lösungsansätze bestehen aus

a) der Z i e l f u n k t i o n, welche die Konsequenzen der Instrumentalvariablen (z. B. Aufgabenzuordnung zu Stellen) und der berücksichtigten Situationsvariablen (z. B. Arbeitszeit je Teilaufgabe) für die zu optimierende Zielgröße enthält, und

b) den N e b e n b e d i n g u n g e n, die teils als explizit mathematisch formulierte Sollvorschriften (wie meist die Qualitäts- und die Kapazitätsbedingung, → F 103), teils als implizit enthaltene Annahmen (wie meist die Zielbedingung, → F 103) die Zahl der zulässigen Alternativen begrenzen.

105. Welche Gründe sprechen für sukzessive Lösungsansätze der Stellen- oder Abteilungsbildung? (127 f.)

Die Formulierung simultaner analytischer Lösungsmodelle stößt auf Schwierigkeiten:

Die Z i e l f o r m u l i e r u n g erfordert ein operationales und mit den Unternehmungszielen verträgliches Optimalitätskriterium; oft läßt sich Zielkonformität nur vermuten. Unsichere Erwartungen und begrenztes menschliches Rationalverhalten führen zum Streben nach befriedigenden statt optimalen Lösungen.

Eine vollständige, sich gegenseitig ausschließende A l t e r n a t i v e n b i l d u n g scheitert meist an der unübersehbaren Zahl von Kombinationsmöglichkeiten und wird oft durch nur indirekt delegierbare Entscheidungen kompliziert.

F o r m u l i e r b a r k e i t d e r B e d i n g u n g e n erfordert programmierbare Aufgaben und Entscheidungen, hohen Informationsstand der Entscheidungsträger, weitgehend übereinstimmende Wertvorstellungen von Unternehmung und Mitgliedern, geeignete mathematische Kalküle.

Daher sind modellanalytische Lösungsansätze im Rahmen der sukzessiven Organisationsgestaltung, die globale Rahmenvorschläge durch abgestufte Teillösungen nach und nach konkretisiert, auf organisatorische Teilbereiche mit hoher Programmierbarkeit der Prozesse begrenzt.

106. Skizzieren Sie das Stellenbildungsmodell von Müller-Merbach. (129–131)

Die Ausgangssituation ist gekennzeichnet durch eine vorgegebene Anzahl von

- Aufgabenbereichen
- Mitarbeitern pro Aufgabenbereich
- Informationsfällen (Erfahrungswerte über bereichsüberschreitende Akteneinsichten).

Mithilfe mathematischer Lösungsverfahren sind die Aufgabenbereiche so zu Abteilungen zusammenzufassen, daß die **abteilungsüberschreitenden** Informationsfälle minimiert und die **Nebenbedingungen**:

- minimale und maximale Zahl von Mitarbeitern pro Abteilung
- eindeutige, vollständige Zuordnung eines Aufgabenbereiches zu einer Abteilung

erfüllt werden. Jeder Informationsaustausch wird als gleichbedeutend gewichtet (implizite Bedingung); eine realitätsnähere unterschiedliche Gewichtung stößt jedoch auf keine formalen Probleme.

107. Welche Lösungsverfahren sind für die modellanalytische Stellenbildung geeignet? (131)

Für begrenzte Probleme bieten sich

- die Enumerationsverfahren
- die dynamische Optimierung (Programmierung) und
- die Entscheidungsbaum-Verfahren

an, die alle zulässigen Lösungen implizit oder explizit ausrechnen und unter diesen die beste auswählen.

Für umfangreiche Probleme sind nur noch **heuristische** Verfahren (z. B. das Eröffnungsverfahren mit zunehmendem Freiheitsgrad, die Iterationsverfahren) anwendbar, die den Lösungsbereich nach bestimmten Regeln zunehmend einengen und eine zwar nicht optimale, aber dem Optimum nahe Lösung garantieren.

108. Eine Oberinstanz (O) möchte zu ihrer Entlastung Unterinstanzen schaffen und diesen von vier voneinander unabhängigen Entscheidungsaufgaben insgesamt maximal drei, je Unterinstanz höchstens eine, delegieren. Wieviele alternative Leitungsstrukturen ergeben sich (in Tabellenform)? Welche ist optimal? (127 f.)

Die Problemstellung entspricht dem Delegationsmodell nach Morgenstern.

Abb. 8 zeigt die 14 zulässigen Lösungen.

Die optimale Leitungsstruktur läßt sich mangels Zielfunktion nicht ermitteln.

Zahl der Unterinstanzen/ Struktur			Verteilung der Entscheidungsaufgaben					
1	O		2, 3, 4	1, 3, 4	1, 2, 4	1, 2, 3		
	U_1		1	2	3	4		
2	O		1, 2	1, 3	1, 4	2, 3	2, 4	3, 4
	U_1	U_2	3, 4	2, 4	2, 3	1, 4	1, 3	1, 2
3	O		1	2	3	4		
U_1	U_2	U_3	2, 3, 4	1, 3, 4	1, 2, 4	1, 2, 3		

Abbildung 8

109. Worin besteht das S t e l l e n b e s e t z u n g s - oder Personalanweisungsproblem? (132)

Bei der Stellenbesetzung geht es darum, daß gegebenen Stellen mit bestimmten Anforderungsprofilen Mitarbeiter mit bestimmten Fähigkeiten so zugeordnet werden, daß die Gesamtheit der Stellenaufgaben mit höchstmöglichem Leistungsgrad erfüllt wird.

Eine Sachmittelanweisung erfolgt analog.

110. Skizzieren Sie das allgemeine Personalanweisungsmodell. (132 f.)

Die Ausgangssituation ist gekennzeichnet durch

- eine gegebene, gleich große Anzahl von Stellen und verfügbaren Mitarbeitern,
- bekannte, voneinander unabhängige, konstante Eignungskoeffizienten der Mitarbeiter.

Der E i g n u n g s k o e f f i z i e n t gibt die voraussichtliche Leistungsfähigkeit des Mitarbeiters zur Verrichtung der Tätigkeiten einer Stelle an, indem er die Übereinstimmung zwischen Fähigkeitsprofil und Anforderungsprofil erfaßt.

Die Zielfunktion schreibt vor, die Summe der zugeordneten Eignungskoeffizienten zu maximieren. Die Nebenbedingungen legen fest, daß

- jede Person nur eine Stelle einnehmen,
- jede Stelle nur einmal besetzt werden kann.

Das Problem läßt sich mathematisch als ganzzahliges, lineares Programm formulieren und mit exakten Algorithmen der linearen Optimierung (z. B. mit der „ungarischen Methode", einer Sonderform der Transportmethode) oder heuristisch lösen.

111. Zeigen Sie die Grenzen heuristischer Verfahren zur Lösung des Personalanweisungsproblems auf. (133)

Die heuristischen Verfahren basieren auf den G r u n d s ä t z e n d e r P e r s o n a l z u w e i s u n g:

a) An jeden Arbeitsplatz der beste Mann.
   Dieses Rangverfahren versagt, wenn ein Kandidat für mehrere Stellen die höchste Eignung aufweist. Für die optimale Zuweisung ist nicht die absolute Eignung, sondern das relative Eignungsverhältnis der Mitarbeiter untereinander wichtig (komparativer Nutzenvorteil).

b) Spezialbegabte auf die Stelle, für die sie besonders geeignet sind.
   Vielseitige Arbeitnehmer mit einer höheren Befähigung für diese Stelle erhalten dann eventuell einen Arbeitsplatz, für den sie weniger geeignet sind.

Die Anwendung beider Prinzipien führt nur ausnahmsweise bei einfachen Problemen zum Optimum.

112. Wie lautet das Grundmodell der s i m u l t a n e n Stellenbildung und -besetzung? (134 f.)

Gegeben sind
- n anlytische Teilaufgaben der Art i (i = 1, 2, ..., n)
- mit jeweils einem bestimmten Arbeitsanfall A pro Periode
- m mögliche Aufgabenträger j (j = 1, 2, ..., m) und
- deren Ergiebigkeitswerte e_{ij} (hier die Zeit, die eine Person j zur Erfüllung der Aufgabe i benötigt).

Die Instrumentalvariable x_{ij} gibt die einer Person j zugeteilte Menge der Aufgabe i an.

Gesucht ist die Aufgabenverteilung auf die Mitarbeiter, die den Zeitbedarf für die Erfüllung aller Aufgaben minimiert und die Nebenbedingungen:
- Mindest- und Höchstarbeitszeit je Person und Periode (b_j, t_j)
- vollständige Verteilung aller Aufgaben

erfüllt.

113. Wie läßt sich das Grundmodell der simultanen Stellenbildung und -besetzung variieren? (134, 136)

Im Modell lassen sich als gegebene Situationsvariablen (Parameter) oder als Nebenbedingungen zusätzliche **Einflußfaktoren** berücksichtigen. Die **Zielfunktion** kann statt der Minimierung des Zeitbedarfs oder der Maximierung der Eignungswerte Kosten- oder Gewinnziele vorgeben.

114. Diskutieren Sie die Anwendbarkeit der Personalanweisungs- und simultanen Stellenbildungs- und -besetzungsmodelle. (134–136)

Die erforderliche Meßbarkeit und Vergleichbarkeit der Eignungswerte (→ F 115) ist am ehesten bei den determinierten, wiederholbaren und prognostizierbaren Prozessen der unteren, operativen Unternehmungsebene möglich. Gerade dort ist jedoch die in der Zielfunktion unterstellte Leistungsunabhängigkeit zwischen den Stellen angesichts der arbeitsteiligen Abhängigkeiten (Beispiel: Fließband) wirklichkeitsfremd.

Der angenommene Ausgleich von Stellenunter- und -überbesetzungen kann zu Konflikten führen, wenn unterbewertete Stelleninhaber eine ihrer höheren Qualifikation angemessene Position anstreben oder Überforderung Unzufriedenheit erzeugt.

Die implizit unterstellte lineare, positive Beziehung zwischen Leistungsfähigkeit und Leistungswilligkeit vernachlässigt Motivations- und Gruppenprobleme. Eine stärkere sozialpsychologische Fundierung ist daher wünschenswert.

115. Welche Probleme treten bei der Ermittlung von Eignungswerten auf? (134–137)

Die quantitative Erfassung von Eignungswerten in einer **eindimensionalen Maßzahl** erfordert vergleichbare Anforderungsarten der einzelnen Stellen. Werden für jede Stelle **mehrere Anforderungskriterien** gewählt, muß das Problem der Entwicklung eines gemeinsamen Wertausdrucks und der Gewichtung der Anforderungskriterien je Stelle gelöst werden, ehe sich die Einzelwerte zu einer Maßzahl zusammenfassen lassen.

Psychologische Eignungstests müssen den Kriterien der Reliabilität (Zuverlässigkeit), Objektivität und Validität (Genauigkeit) genügen. Die Erfassung motivationaler und charakterlicher Variablen bleibt auch mit geeigneten Testverfahren problematisch.

116. Was ist Kommunikation? (138)

Kommunikation bezeichnet die Übermittlung einer Information oder Nachricht von einem Sender zu einem Empfänger.

117. Wie erklärt sich das betriebswirtschaftliche Interesse an der Gestaltung des Kommunikationssystems? (137 f.)

Arbeitsteilung und Entscheidungsdezentralisation erfordern Informations- oder Kommunikationsbeziehungen, die eine Versorgung der Stellen- bwz. Abteilungen mit den nötigen Entscheidungs- und Ausführungsinformationen für ein zielkonformes, koordiniertes Zusammenwirken ermöglichen.

118. Wodurch ist eine optimale Kommunikationsstruktur gekennzeichnet? (138)

Die Informationsverbindungen zwischen den Stellen oder Abteilungen sind so zu bestimmen, daß eine optimale Zielerreichung der geistigen und körperlichen Arbeitsprozesse gewährleistet wird, nämlich daß

- zur richtigen Zeit
- am richtigen Ort
- der quantitative und qualitative Informationsbedarf
- in wirtschaftlicher Weise gedeckt wird.

119. Nach welchen Merkmalen lassen sich Kommunikationsbeziehungen klassifizieren? (138)

Kommunikationsbeziehungen lassen sich unterscheiden nach ihrer
- Richtung: e i n s e i t i g − z w e i s e i t i g
- Stufung: e i n s t u f i g (ohne Zwischenstation) − m e h r s t u f i g
- Schichtung: h o r i z o n t a l (auf gleicher Rangebene) − v e r t i k a l
- Bindung an die Aufgabenerfüllung, hinsichtlich Empfänger, Richtung, Inhalt: g e b u n d e n − u n g e b u n d e n.

120. Wie lassen sich Kommunikationsstrukturen darstellen und analysieren?
(139 f.)

Geeignete Instrumente zur einheitlichen systematischen Beschreibung von Kommunikationsstrukturen sind:

a) **Graphentheorie**: Kommunikationsbeziehungen zwischen Kommunikationssubjekten werden durch Verbindungslinien zwischen Punkten, meist als **Digraphen** (verbundene, gerichtete und schleifenlose Graphen), abgebildet.

Man unterscheidet **vollständig verbundene** (mit direkten Verbindungslinien zwischen allen Punkten) und **unvollständig verbundene** Digraphen (Abb. 9).

b) **Matrizenkalkül**: Die Koeffizienten der sog. **Adjazenzmatrix** geben an, ob zwischen Personenpaaren in der betrachteten Richtung direkte Kommunikationsbeziehungen bestehen (1) oder nicht (0).

Graphen- bzw. Matrizendarstellung erlauben eine quantitative Analyse der topologischen Eigenschaften von Kommunikationsnetzen in Form von **Strukturparametern**.

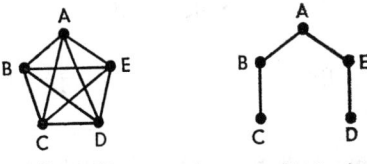

vollständig und unvollständig verbundene Digraphen

Abbildung 9

121. Was wird unter der **Komplexität** eines Kommunikationssystems verstanden? (141 f.)

Die Komplexität des Kommunikationssystems bezeichnet die Gesamtzahl der Kommunikationsbeziehungen.

Die Zahl der **möglichen** Kommunikationsbeziehungen in einer Organisation wächst mit jedem zusätzlichen Mitglied um die Zahl der vorhandenen Mitglieder.

Die Komplexität L eines Kommunikationssystems mit n Mitgliedern läßt sich nur feststellen bei

- **vollständig** verbundenen Digraphen: $L = \frac{1}{2} n (n-1)$
- **planaren** Digraphen (unvollständig verbundenen Digraphen, deren Linien sich nicht kreuzen): $L = n + F - 1$; (F = Anzahl der durch Linien eingeschlossenen Flächen).

122. Was besagt der Strukturparameter **Entfernung**? (139 f., 142)

Die **Entfernung** zwischen zwei Personen in einem Kommunikationsnetz stellt den (gemessen an der Anzahl der Pfeile) **kürzesten Pfeilweg** vom Sender zum Empfänger dar.

Bei zweiseitigen indirekten Kommunikationsbeziehungen ist die Entfernung für jede Richtung gesondert zu messen.

123. Leiten Sie aus der Kommunikationsstruktur in Abb. 10 die Entfernungsmatrix ab. (142 f., 140)

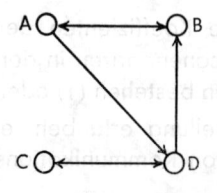

Abbildung 10

In diesem einfachen Fall läßt sich die Entfernungsmatrix (Abb. 11) direkt aus dem Graphen ablesen.

Bei komplexeren Kommunikationsstrukturen leitet man die Entfernungsmatrix durch Matrizenoperationen aus der Adjazenzmatrix (Abb. 11) ab.

Gibt es zwischen zwei Punkten in einer Richtung keinen Pfeilweg, erscheint in der Entfernungsmatrix das Zeichen ∞.

nach von	A	B	C	D	Σ
A	0	1	0	1	2
B	1	0	0	0	1
C	0	0	0	1	1
D	0	1	1	0	2
	1	2	1	2	

Adjazenzmatrix

nach von	A	B	C	D	Σ
A	0	1	2	1	4
B	1	0	3	2	6
C	3	2	0	1	6
D	2	1	1	0	4
					20

Entfernungsmatrix

Abbildung 11

124. Welche Strukturparameter lassen sich aus den Kommunikationsmatrizen in Abb. 11 ermitteln? (140, 143 f.)

Aus der Adjazenzmatrix sind ablesbar:

- ausgehende bzw. eingehende Verbindungen (Kommunikationskanäle) eines Punktes (= Zeilen- bzw. Spaltensumme).

Aus der Entfernungsmatrix ergeben sich:

- r e l a t i v e Z e n t r a l i t ä t der Punkte: Summe aller Entfernungen durch Zeilensumme (Gesamtentfernung) eines Punktes; z. B. A 5 (= 20 : 4)
- zwei Z e n t r a l p u n k t e (Zentren) A und D mit der geringsten Gesamtentfernung zu allen anderen Punkten, dem höchsten Zentralitätsindex (jeweils 5)
- D i a m e t e r (R e i c h w e i t e) : größte Entfernung (3)
- R a d i u s : größte Entfernung vom Zentrum aus (2)
- S t a t u s einer Positoin (= Zeilensumme): B und C haben den höchsten Status.

125. Bestimmen und interpretieren Sie in Abb. 12 Zentralpunkt, Artikulationspunkte und Randpositionen des Graphen ABCDEF. (144 f.)

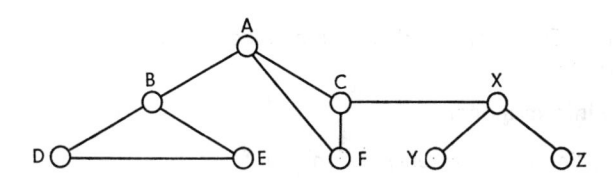

Abbildung 12

A und B haben als Z e n t r a l p u n k t e raschen und sicheren Zugang zu den verfügbaren Informationen und stellen zugleich als A r t i k u l a t i o n s p u n k t e , bei deren Wegnahme der Graph in mindestens zwei Teile zerfällt, kritische Stellen im Organisationsgefüge dar (Gefahr der Informationsüberlastung oder -deformation).

Die R a n d p o s i t i o n (kürzeste Entfernung) zum Punkt X des Graphen XYZ nimmt C ein. Solche Grenzstellen nehmen die für die Unternehmung kritische Kommunikation mit der Außenwelt wahr.

126. Worin liegt die Bedeutung der Strukturparameter? (141, 145)

Mithilfe der Strukturparameter lassen sich die in Organisationen bestehenden Kommunikationsbeziehungen objektiv, systematisch, einheitlich und quantitativ beschreiben und vergleichen.

Die Parameterwerte bestimmen die Funktionsfähigkeit und Effizienz des Kommunikationssystems. Aussagen über die Richtung und Stärke dieses Einflusses kann die graphentheoretische Formalanalyse jedoch nicht liefern.

127. Erläutern Sie die Vorteile der Matrix-Darstellungen von Kommunikationsstrukturen.

Die Matrixdarstellung erlaubt die Anwendung algebraischer, computergeeigneter Methoden und ist daher für rechnerische Zwecke handlicher.

Durch Matrizenoperationen läßt sich neben der Entfernungsmatrix analog die K o s t e n - bzw. Z e i t e n t f e r n u n g s m a t r i x mit den kosten- bzw. zeitminimalen Entfernungen ermitteln, ferner aus bekannter Anfangs- und erforderliche Endverteilung der Informationen auf die Organisationsmitglieder die für bestimmte Entscheidungen notwendige Z a h l u n d R i c h t u n g v o n K o m m u n i k a t i o n s p r o z e s s e n.

128. Vergleichen Sie die Anwendbarkeit der linearen und der dynamischen Optimierung für die Kommunikationsgestaltung. (145–147)

Die l i n e a r e Optimierung des Kommunikationsablaufs im T r a n s p o r t m o d e l l erfordert

- homogene Informationen

und wegen der linearen (Kosten-)Zielfunktion

- mengenproportionale Informationskosten und
- additive Ermittlung der Gesamtkosten aus den Übermittlungskosten auf den einzelnen Wegen.

In der Realität können jedoch unterschiedliche Informationsarten (fehlende Homogenität) und bei wiederholter Kommunikation Lerneffekte auftreten. Lernprozesse (→ B 6/F 179) führen zu nicht-linearen Kostenfunktionen.

Die Modellstruktur der d y n a m i s c h e n Programmierung, die keine linearen (Kosten-)Funktionen voraussetzt, paßt sich der realen Problemstruktur besser an.

129. Kennzeichnen Sie Problemgegenstand und Zielsetzung der T e a m t h e o r i e. (148 f.)

Die Teamtheorie untersucht multipersonale Entscheidungs-, Informationsgewinnungs- und Kommunikationsprozesse in zielkonformen Gruppen (Teams) unter formalökonomischem Aspekt.

Ein T e a m stellt eine multipersonale Entscheidungseinheit dar, deren Mitglieder

- identische Ziele verfolgen,

- unterschiedliche Entscheidungsaufgaben wahrnehmen und
- über unvollkommene, nicht identische Informationen verfügen.

Die Teammitglieder können ihren Informationsstand jedoch durch Informationsbeschaffungs- und Kommunikationsaktivitäten verbessern. Diese ermöglichen bessere Entscheidungsergebnisse (Erträge) und verursachen Kosten.

Ziel des Teamansatzes ist es, bei

- gegebener Verteilung der Entscheidungskompetenzen,
- gegebenen Kommunikationsmöglichkeiten zwischen den Mitgliedern,
- gegebener Informationsstruktur (d. h. wie die Mitglieder Umweltzustände wahrnehmen)

logisch-deduktiv E n t s c h e i d u n g s r e g e l n abzuleiten, die einen maximalen oder befriedigenden Gesamterfolg des Teams gewährleisten.

130. Skizzieren Sie den formalen Lösungsansatz der Teamtheorie. (149 f.)

Der formale Lösungsansatz enthält für jedes Mitglied

- eine I n f o r m a t i o n s f u n k t i o n o d e r - r e g e l für die Beobachtung von Umweltereignissen,
- eine K o m m u n i k a t i o n s f u n k t i o n oder -regel für die Weitergabe von Umweltinformationen an andere Mitglieder,
- E n t s c h e i d u n g s f u n k t i o n e n oder -regeln darüber, wie jedes Mitglied aufgrund selbst beschaffter und ihm zugeleiteter Informationen handeln soll.

Die E r t r a g s f u n k t i o n, die jedem Paar von Ereignis und Handlung einen Bruttoertrag zuordnet, und die O r g a n i s a t i o n s k o s t e n f u n k t i o n (Kosten in Abhängigkeit von Umweltereignissen und Informations-, Kommunikations- und Entscheidungsfunktion) werden als bekannt vorausgesetzt.

Die in der T e a m p r ä f e r e n z f u n k t i o n vorgeschriebene Maximierung des Nettoerfolges aus Ertrag und Kosten liefert die o p t i m a l e n E n t s c h e i d u n g s r e g e l n für jedes Teammitglied bei gegebener Informations- und Kommunikationsstruktur.

131. Wie läßt sich teamtheoretisch die optimale Kommunikationsstruktur ermitteln? (150)

Zunächst werden für jede der alternativen Kommunikationsstrukturen die optimalen Entscheidungsregeln ermittelt (→ F 130). Die Kommunikationsstruktur, die unter dieser Bedingung den höchsten Erfolg aufweist, ist optimal.

132. Beurteilen Sie die Anwendbarkeit der Teamtheorie. (154 f.)

Die Ableitung der Regelstrukturen erfordert wiederkehrende und vorhersagbare Prozesse, die durch eine gewisse Konstanz der Umweltinformationen gekennzeichnet sind. Die Teamtheorie erscheint daher nur für programmierbare operative Prozesse (z. B. Lagerhaltung, Mahnwesen, Produktionssteuerung, Belieferung von Einzelhändlern) praktikabel.

Rückkoppelungen in dynamischen Regelprozessen (→ B 7/F 234) und Lernprozesse aufgrund von Kontrollvorgängen lassen sich berücksichtigen.

Wegen der Vielfalt durchzurechnender Entscheidungsfunktionen und möglicher Informationsstrukturen sind nur kleinere Probleme wirtschaftlich lösbar.

133. Welchen Erkenntnisbeitrag liefert die Teamtheorie? (155 f.)

Die Idealmodelle der Teamtheorie versuchen, relevante Einflußfaktoren und Instrumentalvariable der Informations- und Kommunikationsstruktur und ihre Beziehungen aufzudecken.

Die analytische Trennung von aufbau- und ablauforganisatorischer Betrachtung wird aufgegeben.

134. Erläutern Sie die organisatorische Bedeutung der S p i e l t h e o r i e.
(154 f.)

Die Ansätze der mathematischen Spieltheorie, insbesondere k o o p e r a t i v e n - P e r s o n e n s p i e l e, berücksichtigen Z i e l k o n f l i k t e, Koalitionsbildungen, Verhandlungsprozesse, Anreizsysteme, Ausgleichszahlungen und machtbedingte Kontrollen strategischer Variablen und sind insofern realitätsnäher als die Teamtheorie. Die Spieltheorie sieht jedoch von den Informationsaktivitäten und deren Kosten ab.

Eine Integration team- und spieltheoretischer Ansätze wäre daher organisatorisch fruchtbar.

135. Vergleichen Sie Entscheidungs-, Informations-, Team- und Organisationstheorie hinsichtlich ihrer Problemstruktur (in Tabellenform).

Nach Marschak unterscheiden sich die Problemstellungen wie folgt:

Theorietyp	Handlung	Information	Interessen
Entscheidungstheorie (i. e. S.)	wählbar	gegeben identisch	identisch
Informationstheorie	wählbar	wählbar identisch	identisch
Teamtheorie	wählbar	wählbar nicht identisch	identisch
Organisationstheorie	wählbar	wählbar nicht identisch	nicht identisch

136. Worin besteht das Problem der Koordination? (156, 202)

Koordination bedeutet: Abstimmung abhängiger, dezentralisierter (Teil-)Entscheidungen.

Die Koordination kann erfolgen

a) durch Planung:

- über die Ziele, d. h. durch Abstimmung der Ziele oder Entscheidungsregeln der Bereiche auf das Gesamtziel der Unternehmung oder
- über das Entscheidungsfeld durch Verteilung knapper gemeinsamer Ressourcen nach einer einheitlichen Rangordnung auf die Teilbereiche;

b) durch Rückkoppelungsinformationen zwischen den Organisationsmitgliedern (→ B 6/F 197).

137. Wie und unter welchen Voraussetzungen ist eine Koordination über die Ziele erreichbar? (156 f., 202)

Die Koordination über die Ziele kann erfolgen durch

a) explizite Verhaltensvorschriften (Informations- und Entscheidungsregeln), die programmierbare Entscheidungen aufgrund hinreichend vorhersehbarer Situationen voraussetzen;

b) Vorgabe von Zielen (Budgets) als impliziten Verhaltensnormen, die dem Entscheidungsträger die Wahl der geeigneten Mittel überlassen. Die Zielvorgaben müssen operational (verständlich und meßbar) und miteinander verträglich sein. Sie führen nur dann zum Optimum, wenn die Teilbereiche voneinander unabhängig sind und sich das Gesamtziel aus den Bereichszielen addiert (trennbare Entscheidungsfunktion).

Die Effizienz der Koordination über die Ziele hängt außerdem von der Motivationsstruktur der Mitarbeiter ab. (→ B 6/F 195, 196).

138. Wie lautet die Problemstellung der Koordination durch Verrechnungspreise? (157)

Die Fragestellung lautet:

<u>Wie lassen sich dezentrale Entscheidungen organisatorischer Teilbereiche, die innerbetriebliche Leistungen austauschen, durch Verrechnungs- oder Lenkpreise auf das betriebliche Gesamtoptimum steuern?</u>

Die Verrechnungspreise sind so festzulegen, daß die Zuteilung der knappen Ressourcen auf die Teilbereiche wirtschaftlich optimal erfolgt.

Diese Form technokratisch-planender Koordination über das Entscheidungsfeld geht auf Schmalenbach zurück.

139. Erläutern Sie die Grundzüge von Schmalenbachs „pretialer Betriebsführung". (157 f.)

Durch die Verrechnungspreise (bei Schmalenbach optimale Geltungszahlen bzw. Betriebswerte genannt) sollen die knappen Produktionsfaktoren den nutzbringendsten Verwendungsarten zugeführt werden.

Als Verrechnungspreise schlägt Schmalenbach vor:
- Grenzkosten bei voller Dispositionsfreiheit über den Gütereinsatz,
- Grenznutzen bei einem Beschaffungsengpaß.

140. Was besagt das Preistheorem der linearen Programmierung? (158)

Besteht das Primalproblem der linearen Programmierung in der Bestimmung des gewinnmaximalen Produktionsprogramms, so können laut Preistheorem die Lösungswerte der Dualvariablen der beschränkt verfügbaren Einsatzgüter als Schatten- oder Verrechnungspreise interpretiert werden.

141. Wie läuft das Dekompositionsverfahren ab? (159)

Aufgrund der vorläufigen Verrechnungspreise aus dem zentralen Hauptprogramm ermittelt jeder Teilbereich sein Produktionsprogramm. Das Hauptprogramm gewichtet diese Vorschläge und ermittelt neue Verrechnungspreise zur Vorgabe an die Teilprogramme. Der Iterationsprozeß wird solange fortgesetzt, bis sich intern Angebot und Nachfrage nach Zwischenerzeugnissen ausgleichen.

142. Welche Probleme wirft die Bestimmung von Verrechnungspreisen auf?

(158–161)

Bei mehreren Beschaffungsrestriktionen läßt sich die l i n e a r e P r o g r a m -
m i e r u n g anwenden. Mit der Lösung des Dualproblems sind jedoch nicht nur die Verrechnungspreise bestimmt (→ F 140), sondern gleichzeitig das optimale Produktionsprogramm. Die Vorgabe von Verrechnungspreisen wird damit überflüssig.

Das gleiche Dilemma tritt beim D e k o m p o s i t i o n s v e r f a h r e n auf, das als Zentralplanung ohne vollständige Information im Zentrum am Problem vorbeigeht.

Beide Verfahren unterstellen – wenig realistisch – eine lineare Abhängigkeit der Teilbereiche über deren gemeinsame Restriktionen.

Aus langfristigen R a h m e n p l ä n e n abgeleitete Verrechnungspreise können bei unvorhergesehenen Restriktionen Fehlentscheidungen oder systemwidrige zentrale Eingriffe auslösen. V e r h a n d l u n g e n zwischen den Bereichen über die Verrechnungspreise geben keine Gewähr für ein Gesamtoptimum (Machtverhältnisse, latente und offene Zielkonflikte).

G r e n z k o s t e n bzw. Grenzplankosten als Verrechnungspreise setzen einen internen Markt ohne Restriktionen voraus.

Externe M a r k t p r e i s e (abzüglich entfallender Beschaffungs- bzw. Absatznebenkosten) sind anwendbar, wenn die Teilbereiche als Nachfrager bzw. Anbieter zwischen einem internen und einem (vollkommenen) externen Markt mit voll substituierbaren Gütern frei wählen können.

143. Welchen praktischen Ausweg zur Verrechnungspreisbildung würden Sie vorschlagen?

(161)

Falls ein externer Markt für die knappen Ressourcen besteht, spricht, auch bei Unvollkommenheit des Marktes, die einfache Ermittlung für Marktpreise als Basis für Verrechnungspreise. Andernfalls können Herstell- oder (angenäherte) Grenzkosten angesetzt werden.

144. Wodurch unterscheiden sich wohl-strukturierte von schlecht-strukturierten P r o b l e m e n ?

(163)

S c h l e c h t - s t r u k t u r i e r t e n (- d e f i n i e r t e n) Entscheidungsproblemen fehlt mindestens eines der folgenden Merkmale w o h l - s t r u k t u r i e r -
t e r (- d e f i n i e r t e r) Probleme:

- **bekannte** endliche Anzahl einander ausschließender **Alternativen mit bekannten Konsequenzen** für operationale Ziele,

- **Entscheidungsregeln** für eine eindeutige Rangordnung der Alternativen,

- **Lösungsalgorithmen** zur sicheren Auswahl der optimalen Alternative.

145. Wie lassen sich Entscheidungen nach ihrer Ausführbarkeit typisieren? (163)

Programmierbare Entscheidungen beziehen sich auf wohl-strukturierte Probleme, bei denen der Entscheidungsträger einer Entscheidungssituation direkt eine Handlungsalternative (Ausführungsprogramm) zuordnet (Routineentscheidungen) oder diese mithilfe eines zulässigen Lösungsalgorithmus ableiten kann (adaptive Entscheidungen).

Nicht programmierbare oder innovative Entscheidungen beziehen sich auf schlecht-strukturierte Probleme. Hier bieten sich heuristische Lösungsverfahren (→ F 107, Beispiel: F 111) an.

146. Erläutern Sie die verschiedenen Interpretationen des Rationalitätsbegriffes. (164)

Das Rationalprinzip als Verhaltensmaxime fordert die Maximierung der Ziel-Mittel-Relation. Dies bedarf der Klärung:

a) ob die Entscheidungen nur formal-logisch richtig abgeleitet werden (formale Rationalität) oder mit inhaltlich fixierten Zielen in Einklang stehen müssen (substantielle Rationalität);

b) ob die Entscheidungen an persönlichen Zielvorstellungen (individuelle Rationalität) oder an sozialen Normen und Rollenerwartungen (soziale Rationalität) ausgerichtet sind;

c) ob die Alternativen und deren Konsequenzen objektiv richtig, mit Sicherheit und interpersonell eindeutig erfaßbar sein müssen (objektive Rationalität) oder auch subjektiv wahrgenommen werden dürfen (subjektive Rationalität).

147. Beurteilen Sie die Relevanz des Transitivitäts- und des Konsistenzaxioms in realen Entscheidungssituationen. (166–169)

Das Transitivitätsaxiom besagt:

Wenn ein Subjekt die Alternative A (bzw. deren Ergebnis a) gegenüber B (b) und B (b) gegenüber C (c) vorzieht, dann bevorzugt es auch A (a) gegenüber C (c).

Das Konsistenzaxiom lautet:

Bei mehrmaliger Wahl zwischen zwei bestimmten Alternativen bzw. Ergebnissen trifft das Subjekt immer die gleiche Entscheidung.

Beide Axiome beziehen sich auf unipersonale oder Individualentscheidungen. Multipersonale Entscheidungen der Organisationswirklichkeit erfordern eine gemeinsame Wertordnung (Sozialwahlfunktion). Aus unterschiedlichen individuellen Wertordnungen, auch wenn diese vollständig und transitiv sind, läßt sich jedoch im allgemeinen keine transitive, eindeutige Sozialwahlfunktion ableiten (Arrow-Paradox).

Transitivität und Konsistenz setzen eine relativ stabile Umwelt voraus, die keine Anpassung der Ziele (→ B 6/F 179) und damit der Wertordnung auslöst. In komplexeren Situationen lassen sich beide Axiome als Vorschrift für eine vereinfachte Wertordnung, die eine Algorithmisierung der Entscheidung ermöglicht, verstehen.

148. Vergleichen Sie geschlossene und offene Entscheidungsmodelle. (162–169)

Geschlossene Entscheidungsmodelle nehmen die Entscheidungsprämissen (Werte, Tatsachen und Informationen, aus denen die Entscheidung abgeleitet wird) als gegeben an und verlangen

- formale, i. d. R. objektive Rationalität,
- kardinale oder ordinale Meßbarkeit der Zielgrößen,
- Transitivität und Konsistenz der Präferenzordnung.

Mit geschlossenen Modellen sind individuelle und – begrenzt durch Meßprobleme – soziale Rationalität vereinbar. Subjektive Rationalität läßt sich durch Einführung subjektiver Wahrscheinlichkeiten nur begrenzt berücksichtigen.

Offene Modelle beziehen in ihre Prozeßbetrachtung die Entstehung der Entscheidungsprämissen, insbesondere sozial-psychologische Einflußfaktoren, ein. Sie gehen von einem beschränkt rationalen Verhalten des Menschen aus (→ B 6/F 153).

Geschlossene Modelle sind für wohl-strukturierte, offene für schlecht-strukturierte Problembereiche geeignet.

149. Geben Sie die wesentlichen Prämissen der mathematisch-statistischen Entscheidungstheorie an. (162–166)

Die mathematisch-statistische Entscheidungstheorie unterstellt

- programmierbare Entscheidungen aufgrund einer wohlstrukturierten Problemsituation,
- Transitivität der Wertordnung und
- geschlossene Entscheidungsmodelle.

150. Welchen Erkenntnisbeitrag leistet die mathematisch-statistische Entscheidungstheorie? (124, 147, 162)

Die mathematisch-statistische Entscheidungstheorie strebt keine empirisch gültigen Aussagen an. Die l o g i s c h e M ö g l i c h k e i t s a n a l y s e der Problemstruktur hat jedoch h e u r i s t i s c h e F u n k t i o n für die Realtheorie: Die Annahmen über relevante Variablen und deren Wirkzusammenhänge lassen sich nämlich in empirisch überprüfbare Hypothesen umformen (vgl. B 1/F 11).

Die Logik schafft K l a r h e i t. Die mathematische Entscheidungstheorie bietet L ö s u n g e n f ü r d e n p r o g r a m m i e r b a r e n B e r e i c h, soweit die benötigten quantitativen Daten in der Praxis erfaßbar sind.

B. Verhaltenswissenschaftliche Ansätze   Block 6

151. Spezifizieren Sie Erkenntnisobjekt und Erkenntnisziel der verhaltenswissenschaftlichen Entscheidungstheorien. (124, 169 f.)

Erkenntnisobjekt der verhaltenswissenschaftlichen Ansätze ist das reale menschliche Entscheidungsverhalten. Der Versuch, o f f e n e M o d e l l e zu schaffen, dient dem t h e o r e t i s c h e n Ziel der Erklärung, wie individuelle und kollektive Entscheidungsprozesse tatsächlich ablaufen, insbesondere wie der Mensch zu den Prämissen seiner Entscheidung gelangt, und dem p r a g m a t i s c h e n Ziel der Gestaltung schlecht-strukturierter Problembereiche.

152. Welche Problembereiche der verhaltenswissenschaftlichen Ansätze sind organisatorisch relevant? (170 f.)

Organisatorisch relevante Problembereiche sind:
- Entscheidungsprozesse im Verteilungs- und Leitungssystem der Organisation
- experimentelle Kommunikationsforschung (Kleingruppenforschung)
- sozialpsychologische Einflüsse auf die Koordination.

153. Wodurch ist das reale menschliche Entscheidungsverhalten gekennzeichnet? (171, 165 f.)

Die b e s c h r ä n k t e I n f o r m a t i o n s g e w i n n u n g s - u n d - v e r a r b e i t u n g s k a p a z i t ä t des Menschen, verursacht durch intellektuelle und sozialpsychologische Faktoren (z. B. Wahrnehmungsfähigkeit, Gedächtnis, Einstellung, intra- und interindividuelle Konflikte), erlaubt nur ein intendiert oder b e g r e n z t - r a t i o n a l e s H a n d e l n. Die s u b j e k t i v e W a h r n e h m u n g d e r E n t s c h e i d u n g s s i t u a t i o n bestimmt den Such- und Auswahlprozeß der Entscheidung.

154. Beschreiben Sie das verhaltenswissenschaftliche Grundmodell des i n d i v i d u e l l e n E n t s c h e i d u n g s p r o z e s s e s. (171 f.)

Ein externer S t i m u l u s trifft auf die im Gedächtnis gespeicherten und angelernten Erfahrungen, es entsteht ein s u b j e k t i v vereinfachtes i n t e r n e s M o d e l l der Entscheidungssituation, aus dem sich die R e a k t i o n des Entscheidungsträgers ableitet.

155. Inwiefern stellt die Subjektivierung der Entscheidungssituation eine Reduktionsstrategie der Umweltkomplexität dar? (172)

Die Subjektivierung der Entscheidungssituation bewirkt eine **Problemvereinfachung**, die der menschlichen Informationsverarbeitungskapazität entspricht und zur praktischen Lösbarkeit komplexer Probleme beiträgt. Die vorhandene Umweltkomplexität wird also subjektiv auf ein beherrschbares Maß reduziert.

156. Welche weitere Reduktionsstrategie ist für das menschliche Entscheidungsverhalten typisch? (172)

Der Mensch trägt seiner begrenzten Informationsverarbeitungskapazität noch dadurch Rechnung, daß er nicht optimale Lösungen, sondern lediglich ein bestimmtes **Anspruchs- oder Zufriedenheitsniveau** anstrebt, das den gewünschten Zielerreichungsgrad bestimmt. Die Suche nach Alternativen wird abgebrochen, wenn eine das Anspruchsniveau befriedigende Alternative gefunden ist.

157. Wie läuft der individuelle Anspruchsanpassungsprozeß ab? (172)

Das Anspruchsniveau kann sich aufgrund individual-psychologischer Lernprozesse (Erfahrungen) ändern. Der **Anspruchsanpassungsprozeß** läuft grundsätzlich wie in Abb. 13 dargestellt ab.

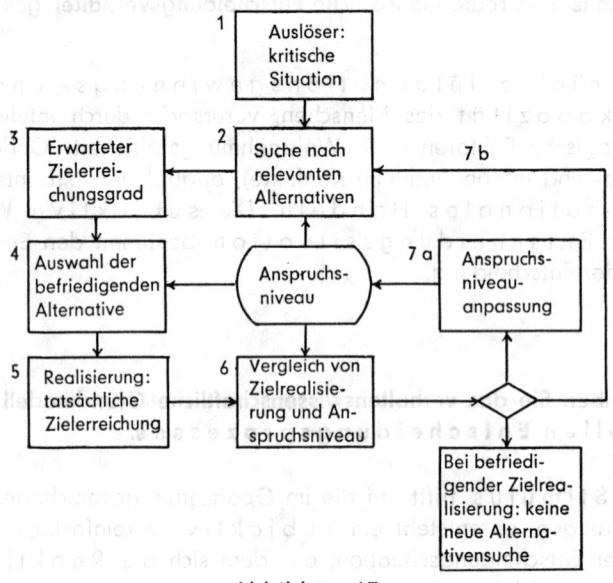

Abbildung 13

158. Wovon hängt die Anpassung des Anspruchsniveaus ab? (173)

Das Anspruchsniveau wird bestimmt von

- dem Gefühl des E r f o l g s bzw. Mißerfolgs hinsichtlich der Zielrealisierung in der Vergangenheit,

- den E r w a r t u n g e n über den zukünftig realisierbaren Zielerreichungsgrad und dessen R i s i k o e i n s c h ä t z u n g (Erfolgswahrscheinlichkeit),

- der Höhe des Anspruchsniveaus für v e r g l e i c h b a r e A u f g a b e n und in der B e z u g s g r u p p e des Individuums (Kollegen).

Ein Erfolg, d. h. eine Zielrealisierung über das Anspruchsniveau hinaus, läßt einen Anstieg des Anspruchsniveaus erwarten. Ist die realisierte Alternative unbefriedigend (Mißerfolg) und bringt auch eine erneute intensive Suche keine befriedigende Lösung, dann wird im allgemeinen das Anspruchsniveau gesenkt.

Die I n t e n s i t ä t der Anspruchsanpassung ist von der persönlichkeitsspezifischen Einstellung des Individuums, die A n p a s s u n g s g e s c h w i n d i g k e i t primär vom Verlauf der Suche nach zieladäquaten Alternativen abhängig.

159. Wie lassen sich mehrere Ziele des Individuums in der Theorie der Anspruchsanpassung berücksichtigen? (174)

Die Berücksichtigung mehrerer Ziele erfordert eine D r i n g l i c h k e i t s - b z w. V e r z i c h t s o r d n u n g, die angibt, in welcher Rangfolge die Zielvariablen bei der Anspruchsanpassung angehoben bzw. gesenkt werden sollen. Dabei beachtet der Entscheidungsträger entsprechend der subjektiven Wahrnehmung primär die Ziele, deren Anspruchsniveaus nicht erfüllt scheinen.

160. Kennzeichnen Sie den zeitlichen Ablauf individueller Entscheidungsprozesse. (174)

Der individuelle Entscheidungsprozeß stellt – wie empirische Ergebnisse bestätigen – keine Folge zeitlich abgrenzbarer Phasen dar, sondern verläuft netzartig und iterativ: Von logisch nachgelagerten Phasen wird in vorgelagerte zurückgesprungen, innerhalb der Phasen verlaufen wiederum Entscheidungsprozesse. Im Entscheidungsprozeß über ein bestimmtes Problem läßt sich lediglich die Willensbildung v o r von der Willensdurchsetzung n a c h d e m E n t s c h l u ß a k t zeitlich abgrenzen. Differenzierteren Phasenfolgen (z. B. Anregungs-, Such-, Optimierungs-, Realisations- und Kontrollphase) kommt nur konzeptionelle Bedeutung zu.

161. Wie vollzieht sich die Informationssuche in individuellen Entscheidungsprozessen? (175)

In individuellen Entscheidungsprozessen werden Suchaktivitäten nach Informationen durch intraindividuelle Konflikte ausgelöst, d. h. wenn dem Individuum aufgrund der ihm bekannten Informationen die Wahl zwischen alternativen Verhaltensweisen schwerfällt.

Die Informationssuche und -aufnahme vor und nach dem Entschlußakt erfolgt – beeinflußt durch Vorentscheidungen und subjektive Präferenzen – selektiv. Dieses Verhalten läßt sich mithilfe der Theorie der kognitiven Dissonanz erklären.

162. Was bedeutet kognitive Dissonanz (Konsonanz)? Geben Sie ein Beispiel. (175 f.)

Als Kognition bezeichnet man die Gesamtheit der psychologisch repräsentierten, d. h. vom Individuum wahrgenommenen und im Gedächtnis gespeicherten Informationen (kognitiven Elemente).

Dissonanz (Konsonanz) liegt vor, wenn der Entscheidungsträger zwei oder mehrere kognitive Elemente, zwischen denen relevante Beziehungen bestehen, als widersprüchlich (miteinander verträglich) empfindet.

Beispiel: Nach langem Überlegen bestellt Herr Aber ein Auto des Typs X. Am nächsten Tag weckt ein alter Bekannter, der sein unlängst erworbenes Auto vom Typ Y in den höchsten Tönen lobt, in Herrn Aber Zweifel, ob sein Entschluß richtig war (kognitive Dissonanz). Zum Glück stellt die Nachricht von der Wahl des Autotyps X zum „Auto des Jahres" wieder Konsonanz her.

163. Wovon hängt die Intensität der kognitiven Dissonanz ab? (176)

Die kognitive Dissonanz ist um so stärker,

- je wichtiger die Entscheidung war;
- je größer die Bedeutung und die Zahl der dissonanten Kognitionen ist;
- je geringer die Bewertungsunterschiede zwischen den Alternativen sind;
- je größer die empfundene Entscheidungsfreiheit war und
- je weniger Personen die getroffene Entscheidung guthießen.

164. Welche Verhaltensweisen löst die kognitive Dissonanz aus? (176)

Das Individuum empfindet den psychischen Spannungszustand der kognitiven Dissonanz als unangenehm und versucht sie daher zu reduzieren. Dieses Bedürfnis ist um so größer, je stärker die Dissonanz ist.

Eine Reduktion der Dissonanz kann erreicht werden durch

- Widerruf oder Änderung der Entscheidung (oft jedoch unmöglich oder zu teuer),
- Änderung vorhandener, wenig resistenter Kognitionen,
- Suche nach neuen konsonanten Informationen.

Im letzten, wahrscheinlichsten Fall werden Informationen, die den Entschluß nachträglich rechtfertigen, bevorzugt wahrgenommen, widersprechende Informationen vermieden oder unterdrückt (R e c h t f e r t i g u n g s v e r h a l t e n).

165. Wie wirkt sich die kognitive Dissonanz auf die Alternativensuche und -bewertung v o r dem Entschlußakt aus? (176–179)

Während der Willensbildung vor dem Entschlußakt werden laufend Vorentscheidungen getroffen, ob und in welchem Ausmaß eingehende Informationen für die eine oder andere Alternative sprechen.

Die Informationsbewertung unterliegt, wie Grabitz experimentell bestätigte, der aus der Theorie der kognitiven Dissonanz bekannten Verzerrung: Informationen, die eine zunächst akzeptierte Information bzw. Alternative bestätigen, werden gegenüber widersprechenden Informationen subjektiv klar überschätzt, und zwar um so stärker, je riskanter die Situation ist und je weniger eindeutig die Informationen für eine der konkurrierenden Alternativen sprechen. Entscheidungsträger, die aufgrund falscher anfänglicher Annahmen (z. B. über die Problemursachen) eine falsche Alternative präferieren, lösen sich von dieser nur schwer. Denn zwangsläufig häufen sich die widersprechenden Ereignisse, die eine verstärkte Suche nach konsonanten Informationen auslösen.

Es besteht die Gefahr, daß falsche Vorentscheidungen in einer Kettenreaktion zu einem falschen Entschluß führen.

166. Welche Konsequenzen ergeben sich daraus für die Organisation von Entscheidungsprozessen? (178 f.)

Die Gefahr von Fehlentscheidungen infolge subjektiver Informationsselektion läßt sich verringern, wenn

- von vorneherein mehrere Alternativen berücksichtigt und geprüft werden,
- die Informationssuche sich gleichmäßig auf alle Alternativen erstreckt,
- die Alternativenbewertung erst kurz vor dem Finalentschluß erfolgt.

Die reine Stab-Linien-Konzeption (→ B 3/F 56), die unterstellt, daß die Entscheidungsvorbereitung (beim Stab) den Finalentschluß (der Linieninstanz) nicht präjudiziert, und daher Entscheidungskompetenz u n d -verantwortung allein der Linie zuweist, läßt sich nicht aufrechterhalten.

167. Welche Konsequenzen hat die Theorie der kognitiven Dissonanz für die Organisation der Kontrolle? (180)

Die Neigung der Entscheidungsträger, getroffene Entscheidungen zu rechtfertigen, läßt befürchten, daß negative Abweichungen vom Soll und deren Ursachen verdeckt und Anregungsinformationen für notwendige Entscheidungskorrekturen unterdrückt werden. Dies spricht gegen die von der Human-Relations-Bewegung und den Macht-Ausgleichs-Ansätzen propagierte Selbstkontrolle.

Kontrollinstanz und Entscheidungsinstanz sind daher unabhängig voneinander zu institutionalisieren mit gleichberechtigtem Zugang zu allen relevanten Informationsquellen.

168. Auf welchen Grundthesen baut die Analyse k o l l e k t i v e r E n t - s c h e i d u n g s p r o z e s s e in der Unternehmung auf? (170, 181)

Die Analyse der arbeitsteilig, diskontinuierlich, unter Beteiligung mehrerer Personen ablaufenden Entscheidungsprozesse in der Unternehmung geht aus

a) von der These des R e d u k t i o n i s m u s , daß sich kollektive auf individuelle Entscheidungsprozesse und deren Einflußfaktoren zurückführen lassen;

b) von der b e h a v i o r i s t i s c h e n T h e o r i e d e r U n t e r n e h m u n g (Cyert/March).

169. Kennzeichnen Sie kollektive Entscheidungsprozesse. (181)

Kollektive Entscheidungsprozesse

- führen nur zu einer Q u a s i - L ö s u n g d e r Z i e l k o n f l i k t e ;
- versuchen eine A b s o r p t i o n v o n inner- und außerorganisatorischer U n g e w i ß h e i t ;
- zeichnen sich durch ein p r o b l e m o r i e n t i e r t e s S u c h v e r h a l t e n aus;
- werden durch organisatorische L e r n p r o z e s s e beeinflußt.

170. Wie erklärt die behavioristische Theorie der Unternehmung die Bildung der Unternehmungsziele? (181–183)

Die behavioristische Theorie der Unternehmung betrachtet diese als kooperativen Zusammenschluß von Individuen mit unterschiedlichen Zielvorstellungen (Interessen), als K o a l i t i o n , die wiederum aus Subkoalitionen bestehen kann.

Die Koalitionsangehörigen, d. h. interne Unternehmungsmitglieder (z. B. Unternehmungsführung, Arbeitnehmer) und externe Unternehmungsteilnehmer (z. B. Kapitalgeber, Lieferanten, Staat), fordern aufgrund ihrer Individual- oder Gruppeninteressen Ziele f ü r die Organisation und versuchen die zur Zielformulierung legitimierte Person oder Gruppe (K e r n o r g a n) in ihrem Sinne zu beeinflussen. Die Zielbildung wird zum V e r h a n d l u n g s p r o z e ß , aus dem als K o m p r o m i ß zwischen den konfliktären Zielen f ü r die Organisation das offizielle Zielsystem d e r Organisation hervorgeht.

Die Einflußnahme der Individuen und Gruppen auf die Zielbildung hängt ab
- vom Gleichgewicht zwischen den materiellen und immateriellen A n r e i - z e n der Unternehmung für die Koalitionsteilnehmer (z. B. Lohn, Prestige) und den auferlegten Koalitionsbedingungen (B e i t r ä g e n , z. B. Arbeitsleistung); Teilnehmer, denen unzureichende Anreize geboten werden, verstärken ihre Einflußversuche;
- von ihrer M a c h t p o s i t i o n (→ F 171, 172) innerhalb oder gegenüber der Kerngruppe;
- von der V e r h a n d l u n g s t a k t i k .

171. Was versteht man unter M a c h t ? (182)

<u>Macht bedeutet nach Cartwright die Fähigkeit einer Person oder Gruppe, eine Verhaltensänderung bei einer anderen Person oder Gruppe zu bewirken.</u>

Die Machtausübung wird als Einflußnahme bezeichnet.

172. Wodurch wird die spezifische Machtverteilung in einer Unternehmung bestimmt? (182 f.)

Die Machtverteilung, d. h. die relative Stärke der Machtpositionen der Individuen oder Gruppen, wird bestimmt von deren
- M a c h t g r u n d l a g e n ,
- M a c h t m i t t e l n , den spezifischen Verhaltensweisen zur Beeinflussung (z. B. Drohung, Versprechen),
- M a c h t b e r e i c h , in dem die Einflußnahme wirksam wird,
- M a c h t f ü l l e , der Erfolgswahrscheinlichkeit von Einflußversuchen.

173. Welche Machtgrundlagen lassen sich unterscheiden? (182)

In Anlehnung an French und Raven können folgende Machtgrundlagen unterschieden werden:

- S a n k t i o n s g e w a l t, d. h. die Möglichkeit, andere für ihr Verhalten zu belohnen oder zu bestrafen (z. B. mit wirtschaftlichen Mitteln);
- I d e n t i f i k a t i o n der Beeinflußten (z. B. Kerngruppe) mit den Zielen bestimmter Beeinflusser;
- L e g i t i m a t i o n, d. h. vertragliches oder gesetzliches Recht zur Machtausübung;
- W i s s e n (Expertenmacht).

174. Inwiefern stellt das ausgehandelte Zielsystem eine Quasi-Lösung der Zielkonflikte dar? (183 f.)

Da der K o m p r o m i ß die Zielvorstellungen der Beteiligten nur partiell befriedigt, werden sie versuchen,

- ihre Verhandlungsposition zu stärken und einen für sich günstigeren Kompromiß zu erreichen;
- die ausgehandelten Ziele, die zwecks breiterer Zustimmung meist nur allgemein und vage als o f f e n e B e s c h r ä n k u n g e n formuliert sind, bei der Operationalisierung für Zielvorgabe und -kontrolle und beim Treffen von Mittelentscheidungen in ihrem Sinn zu interpretieren.

Auch die Strategien zur Vereinfachung des Zielproblems,

- H i e r a r c h i s i e r u n g (Vorgabe von Subzielen an Teilbereiche, deren Interdependenz vernachlässigt wird) und
- S e q u e n t i a l i s i e r u n g (die angestrebten Ziele wechseln im Zeitablauf je nach Dringlichkeit ab),

lösen die grundlegenden Zielkonflikte nicht.

175. In welchem Verhältnis stehen Ziel- und Mittelentscheidungen zueinander? (184 f.)

Die logische Funktion der Unternehmungsziele und der daraus abgeleiteten Teilziele besteht in der Generierung und Beurteilung von Alternativen. Die Z i e l e n t s c h e i d u n g e n müßten also den Mittelentscheidungen v o r a u s g e h e n.

Dies trifft jedoch nicht in jedem Fall zu:

a) Bei Zielunsicherheit am Anfang novativer Entscheidungsprozesse läuft – wie Witte empirisch feststellte – zeitlich p a r a l l e l zum (Mittel-) Entscheidungsprozeß ein Z i e l s u c h p r o z e ß ab.

b) Die Koalitionsangehörigen können sofort über Mittelentscheidungen verhandeln, wenn deren individuelle Ableitung aus vorher vereinbarten Zielen zu schwer abzuschätzenden Machtverschiebungen führen könnte (vgl. F 174). N a c h t r ä g l i c h   f e s t g e l e g t e   Z i e l e dienen dann nur noch der Rechtfertigung und der Durchsetzung der Mittelentscheidungen.

176. Wie kann inner- und außerorganisatorische Unsicherheit absorbiert werden? (185 f.)

Durch folgende R e d u k t i o n s s t r a t e g i e n :

a) P o l i t i k   d e r   k l e i n e n   S c h r i t t e : Lösung von Entscheidungsproblemen mit überschaubaren Konsequenzen und kurzfristiger Erfolgskontrolle; langfristige komplexe Probleme werden in mehrere unzusammenhängende kleine Probleme zerlegt („d i s j o i n t e d   i n c r e m e n t a l i s m").

b) K o n v e n t i o n e n : Äußere Umweltunsicherheit wird mittels V e r t r ä g e n , Absprachen, nationalem und internationalem Handelsbrauch, innere Unsicherheit über das Verhalten der anderen Organisationseinheiten durch P l a n u n g   u n d   i n n e r o r g a n i s a t o r i s c h e   R e g e l u n g e n abgebaut, die eine Kontinuität des Entscheidungsverhaltens ermöglichen.

177. Welche Merkmale kennzeichnen problemorientiertes Suchverhalten in kollektiven Entscheidungsprozessen? (185–188)

Die problemorientierte Suche ist

a) m o t i v i e r t : Ein als unbefriedigend erkannter Zustand löst, falls keine Routineprogramme zur befriedigenden Problemlösung verfügbar sind, die Suche nach Lösungsmöglichkeiten aus. Dabei nimmt in der Hochkonjunktur aufgrund des vorhandenen Mittelüberschusses (slack, → F 178) die Suche nach Innovationen zu. In der Rezession überwiegt die Suche nach Rationalisierungsmaßnahmen.

b) i n k r e m e n t a l , d. h. ein schrittweises Vorwärtstasten mithilfe von S u c h r e g e l n , die vereinfachte Kausalbeziehungen unterstellen. Die Suche nach Ursachen beginnt in der Nähe der Problemsymptome, die Alternativensuche ist zunächst auf die Nachbarschaft bekannter Lösungsmöglichkeiten für ähnliche Probleme begrenzt. Erst wenn dieses Vorgehen nicht zum Erfolg führt, werden komplexere Kausalitätsbeziehungen unterstellt und Bereiche, die mit hoher Wahrscheinlichkeit Unwirtschaftlichkeiten aufweisen, einbezogen.

c) **s u b j e k t i v v e r z e r r t** durch die begrenzte, nach Ausbildungs- und Erfahrungsstand verschiedene menschliche Wahrnehmungsfähigkeit (vgl. F 153, 162–165).

178. Was ist und wie entsteht „o r g a n i z a t i o n a l s l a c k"? (186 f.)

In Zeiten konjunkturellen Aufschwungs kann die Unternehmung einen wirtschaftlichen Überschuß (slack) bilden, weil die tatsächlich verfügbaren Ressourcen den an die Koalitionsmitglieder verteilten „Betrag" übersteigen.

Die Koalitionsmitglieder richten nämlich ihre Ansprüche an dem vergangenen und gegenwärtigen geschätzten Mittelvorrat und den außerhalb der Unternehmung gebotenen Alternativen aus, haben darüber jedoch meist nur unvollkommene Informationen. Die dadurch verzögerte Anspruchsanpassung führt im Aufschwung zum Aufbau, in der Rezession zur Verteilung des Mittelüberüberschusses.

179. Wie paßt sich das kollektive Entscheidungsverhalten an Umweltveränderungen an? (188–190)

Die erforderliche Anpassung des Entscheidungsverhaltens an veränderte Umweltbedingungen geschieht durch L e r n e n a u s E r f a h r u n g. Die organisatorischen Lernprozesse beziehen sich auf:

a) die **A n p a s s u n g d e r Z i e l e** aufgrund von Erfolgen und Mißerfolgen der eigenen und vergleichbarer Organisationen:

- **Z i e l n a c h f o l g e** : das bisherige Ziel wird durch ein neues ersetzt;
- **Z i e l v e r s c h i e b u n g** : die Rangordnung der Ziele ändert sich;
- **Z i e l w a n d e l** : allgemeine Ziele werden je nach Situation konkretisiert;

b) die **R e g e l n d e r U m w e l t e r f a s s u n g** : Die organisatorischen Teilbereiche lernen

- die vorgegebenen, meist nicht-operationalen Bereichsziele in beobachtbare Leistungskriterien umzusetzen, die ein erfolgreiches Handeln ermöglichen;
- Informationsverzerrungen seitens des Senders zu erkennen.

Die Unternehmungsführung lernt,

- die für die Zielerfüllung wesentlichen Umweltsegmente (z. B. Märkte, Technologien) zu identifizieren.

c) **V e r b e s s e r u n g d e r S u c h r e g e l n** (vgl. F 177) und der Fähigkeit, die Konsequenzen der Alternativen zu prognostizieren.

180. Kennzeichnen Sie die Problemstellung der **experimentellen Kommunikationsforschung**. (190–192)

Die experimentelle Kommunikationsforschung ergänzt die mathematisch-statistische Kommunikationsforschung durch Laboruntersuchungen (→ B 1/F 37) über die Wirkung der topologischen Struktureigenschaften von Kommunikationsnetzen auf deren Funktionsfähigkeit. Ziel ist die Ableitung effizienter oder optimaler Kommunikationsnetze.

Dabei lassen sich zwei Fragestellungen unterscheiden:

a) Welches ist das geeignetste **Netz** zur Erfüllung einer bestimmten **Aufgabe**?

b) Welche konkrete **Organisationsform** erfüllt eine bestimmte **Aufgabe** innerhalb eines als Beschränkung vorgegebenen Kommunikationsnetzes am besten?

181. Erläutern Sie die Versuchsanordnung der Kommunikationsexperimente. (191)

Die Experimente weisen folgende Versuchsanordnung auf:

- kleine Gruppen von 2–5 Personen;
- formal einheitliche, relativ einfache Aufgaben, die Zusammenarbeit erfordern;
- die Kommunikationsmöglichkeiten sind durch die Netze vorgegeben;
- der Versuchsleiter kann durch Beobachtung feststellen, welches Netz die gesetzten Ziele (Effizienzkriterien) am besten erfüllt.

182. Nennen Sie die Grundformen von Kommunikationsnetzen (mit Skizzen). (192 f.)

Abb. 14 zeigt die Grundstrukturen von Kommunikationsnetzen mit jeweils symmetrischen (zweiseitigen) Verbindungen.

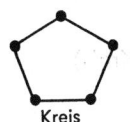

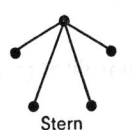

Kreis   Kette   Stern   Rad   vollständiges Netz

Abbildung 14

183. Welche Effizienzkriterien und Einflußfaktoren werden in den Kommunikationsexperimenten untersucht?

Die **Effizienz** als **abhängige** Variable wird gemessen an

- **objektiven**, quantitativen Leistungskriterien: Schnelligkeit (Zeitdauer) und Qualität (Fehlerzahl) der Aufgabenerfüllung, Kommunikationsdichte (Anzahl der zur Aufgabenlösung benötigten Kommunikationsvorgänge);
- **subjektiven**, durch Befragung der Versuchspersonen ermittelten Kriterien: individuelle Zufriedenheit, Kooperationsbereitschaft, Gruppenmoral, Anerkennung der Leitung.

Als **Einflußfaktoren** der Effizienz, d. h. als **unabhängige** Variable, werden betrachtet:

- topologische Struktur, insbesondere Zentralität der Netze und (relative) Zentralität der Positionen in den Netzen,
- Verteilung der Ausgangsinformationen,
- Komplexität der Aufgabe,
- Kommunikationsstörungen,
- z. T. Organisationsform.

184. Welche Beziehungen zwischen Zentralität und Leistung wurden experimentell nachgewiesen? (193 f., 199)

Für störungsfreie Kommunikationsprozesse erwies sich:

Bei **einfachen Aufgaben** sind Kommunikationsstrukturen mit **hoher Zentralität** (z. B. Stern, Kette, Rad) überlegen, da deren Mitglieder

- die Aufgabe schneller lösen,
- weniger Fehler machen,
- mehr Mitteilungen senden,
- häufiger einen Führer akzeptieren,
- mit der Gruppenleistung (nicht jedoch mit der individuellen Aufgabe) zufriedener sind,

gegenüber Netzen mit geringer Zentralität (z. B. Vollstruktur, Kreis).

Je zentraler die Position eines Mitgliedes,

- desto mehr Informationen kommuniziert es,

- desto häufiger wird es als Führer genannt,
- desto höher ist seine Zufriedenheit.

Bei **komplexeren Aufgaben** sind Netze mit **geringer Zentralität** effizienter.

185. Wie wirkt sich die Verteilung der Ausgangsinformationen aus? (193 f.)

Eine ungleiche Verteilung der Ausgangsinformationen beeinflußt die Effizienzunterschiede zwischen den Netzen nicht.

Mehr Ausgangsinformationen für eine Position wirken wie eine Zentralisationserhöhung dieser Position (→ F 184).

Mehr Ausgangsinformationen für alle Positionen führen zu höherer Zufriedenheit der Versuchspersonen und einer Kommunikationszunahme im Netz. Die Lösungszeit nimmt jedoch zu; dies wird mit der – insbesondere bei zentralen Positionen – eintretenden Informationsüberlastung erklärt (Sättigungshypothese).

186. Wann besteht erhöhte Gefahr der Informationsverzerrung? (195 f.)

Kleingruppenexperimente, in denen die durch Informationsfilterung und -aufschub verursachten Fehler als Maß der Informationsverzerrung dienten, zeigen eine zunehmende Informationsverzerrung (Fehlerzahl),

- je mehr Zwischenstationen oder Artikulationspunkte (→ B 5/F 125) in die Informationsübermittlung eingeschaltet sind;
- je ungleichmäßiger die Informationsbelastung der einzelnen Positionen ist;
- je größer die aufgabenbedingte Informationsabhängigkeit zwischen den Stellen ist;
- je mehr Informationsquellen zur Aufgabenerfüllung benötigt werden;
- je weniger symmetrische Kommunikationskanäle bestehen, die durch Rückkoppelung die Korrektur von Fehlern erleichtern.

187. Vergleichen Sie die Eignung vollständiger, relativ ungebundener und zentralisierter Netze zur Fehlererkennung.

Vollständige und relativ ungebundene (Kreis) Netze, weisen gegenüber zentralisierten Strukturen mehr symmetrische Kanäle auf, die multilaterale und direkte Verständigungsmöglichkeiten zwischen den Mitgliedern bieten und Informationsüberlastungen an Artikulationspunkten vermeiden. Dadurch werden semantische Fehler leichter als in zentralisierten Netzen erkannt.

In vollständigen, freien Netzen erschweren zu viele Kommunikationsmöglichkeiten den Versuchspersonen die Auswahl der (subjektiv) optimalen Kommunikationskanäle und verhindern so eine gegenüber relativ ungebundenen Strukturen verbesserte Fehlererkennung.

188. Welche Kommunikationsstrukturen können die verschiedenen Störarten jeweils am besten bewältigen? (196 f.)

Technische Störungen (z. B. Geräusche) beeinträchtigen die Gruppenleistung um so weniger, je mehr symmetrische Kommunikationskanäle im Netz vorhanden sind. Bei Symmetrie der Kanäle hat die Zentralität der Netze kaum Einfluß auf die Anfälligkeit gegenüber technischen Störungen.

Zur Beseitigung semantischer Störungen, die auf das Fehlen eines gemeinsamen, einheitlichen Codes (= semantisches Regelsystem) zurückgehen, sind dezentrale, symmetrische Strukturen am besten geeignet (vgl. F 187).

Über pragmatische Störungen, d. h. Informationsverzerrungen, die Sender oder Empfänger im Eigeninteresse bewußt hervorrufen, liegen bisher keine experimentellen Untersuchungen vor.

189. Welche Hypothese liegt den Experimenten über die Beziehungen zwischen Aufgabe, Netz und Organisationsform zugrunde? (198)

Die Annahme einer direkten Beziehung zwischen Struktur und Leistung wird aufgegeben. Die Effizienzunterschiede werden damit erklärt, daß die Schwierigkeit, gruppenintern die optimale Organisationsform im Netz herauszubilden, je nach vorgegebener Struktur verschieden ist.

190. Was versteht Harshbarger unter struktureller Kongruenz? (199)

Harshbarger unterscheidet zwei Dimensionen von Gruppenprozessen:

- Interaktionsstruktur, d. h. die möglichen Kommunikationskanäle,
- Entscheidungsstruktur, d. h. die zur Entscheidung autorisierten Gruppenmitglieder.

Strukturelle Kongruenz liegt vor, wenn Interaktions- und Entscheidungsstruktur einheitlich zentralisiert (dezentralisiert) sind, strukturelle Inkongruenz, wenn eine Struktur zentralisiert, die andere dezentralisiert ist.

191. Welche Organisationsform von Kommunikationsnetzen ist am effizientesten? (198 f.)

Aufgrund von Tests mit e i n f a c h e n Aufgabenstellungen sprechen Guetzkow/ Simon und Mulder der zentralen Organisationsform (Kette, Stern) Effizienzüberlegenheit zu. Sie entwickelt sich aus dem Rad oder vollständigen Netz schneller als aus dem Kreis. Die zentrale Organisationsform ist jedoch nicht immer am effizientesten. Die Ergebnisse von Hutte zeigen, daß bei Vorgabe der Vollstruktur dezentralisierter organisierte Gruppen k o m p l e x e r e Aufgaben effizienter lösen.

Die differenziertere Untersuchung von Harshbarger (→ F 190) ergab, daß die Kongruenz von Entscheidungs- und Interaktionsstruktur die Lösungszeit verringert und – unbeeinflußt von der Kongruenz – dezentrale Entscheidungsstrukturen die Lösungsgenauigkeit, dezentrale Interaktionsstrukturen die Zufriedenheit der Gruppenmitglieder erhöhen.

192. Beurteilen Sie den Aussagegehalt der Gruppenexperimente. (200–202)

Die experimentelle Kommunikationsforschung zeigt die Bedeutung der graphentheoretischen Strukturparameter und weiterer Einflußfaktoren (→ F 183) für die Funktionsfähigkeit von Kommunikationsnetzen auf. Die Aussagefähigkeit solcher Laborexperimente (→ B 1/F 37), die nur einfache Kommunikationsnetze und wenige Variablen zugleich testen, ist naturgemäß begrenzt. Dennoch sind die Ergebnisse h e u r i s t i s c h fruchtbar, weil sie Arbeitshypothesen für die empirische Forschung liefern und sich durch Einbeziehung zusätzlicher Variablen zu komplexeren, realitätsnäheren Modellen ausbauen lassen.

193. Wodurch wird die Ableitung effizienter realer Organisationsstrukturen aus den Gruppenexperimenten erschwert? (201 f.)

Eine Ursache ist die begrenzte Aussagefähigkeit (→ F 192) für die komplexe Organisationswirklichkeit. Zum anderen gibt es nach den vorliegenden Ergebnissen keine Struktur bzw. Organisationsform, die für jede Zielsetzung (Effizienzkriterium) und jede Bedingungskonstellation (z. B. Aufgabe) optimal ist (vgl. F 184, 187, 188, 191). Die Unternehmung kann also, welche Organisationsstruktur sie auch wählt, immer nur einen Teil der gleichzeitig angestrebten Ziele verwirklichen (Beispiel → F 194).

194. Nennen Sie Lösungsmöglichkeiten für das „Innovationsdilemma". (201)

Das Dilemma, das die Anregung und Konzeption von Innovationen enthierarchisierte, ihre Durchsetzung dagegen hierarchische Weisungs- und Kontrollstrukturen erfordert, ist ein Beispiel für strukturbedingte Zielkonflikte. Als Lösungsmöglichkeiten kommen

- der Aufbau „p a r a l l e l e r" Strukturen (Projekt-Matrix-Organisation) oder
- die z e i t l i c h - s e q u e n t i e l l e Aktivierung unterschiedlicher Strukturen je nach aktueller Zielsetzung bzw. Problemstellung

in Frage.

195. Inwiefern werden die mathematisch-statistischen K o o r d i n a t i o n s - instrumente durch die verhaltenswissenschaftlichen Ansätze ergänzt? (202)

Das logische Instrumentarium der mathematisch-statistischen Entscheidungstheorie ist auf die Koordination durch Planung (→ B 5/F 136) in relativ wohlstrukturierten Problembereichen beschränkt.

Die verhaltenswissenschaftlichen Ansätze berücksichtigen:

a) bei der K o o r d i n a t i o n d u r c h P l a n u n g, insbesondere über die Z i e l e (→ B 5/F 137), ergänzend zu den logischen Mittel-Zweck-Beziehungen den Einfluß i n d i v i d u e l l e r Z i e l v o r s t e l l u n g e n und Motivationsstrukturen der Organisationsmitglieder auf die Akzeptierung und Realisierung der Zielvorgaben;

b) die K o o r d i n a t i o n d u r c h R ü c k k o p p e l u n g s i n f o r m a t i o n e n als heuristisches Instrument fü relativ s c h l e c h t - s t r u k t u r i e r t e P r o b l e m b e r e i c h e.

196. Von welchen psychologisch bedeutsamen Faktoren ist die Wirksamkeit der Koordination über die Ziele abhängig? (202–204)

Die Leistung einer Gruppe wird bestimmt von

- der Höhe der Z i e l v o r g a b e (Budgetvorgabe) und
- dem informell festgelegten A n s p r u c h s n i v e a u.

In einem Feldexperiment erbrachte die Gruppe mit der höchsten Zielvorgabe und keinem vordeterminierten Anspruchsniveau die größte Leistung (Herausforderungsthese), dagegen die Gruppe mit der gleichfalls höchsten Zielvorgabe, aber festem Anspruchsniveau die geringste Leistung (Resignationsthese).

Zur Frage, ob eine partizipative Z i e l f o r m u l i e r u n g sich günstig auf die Zielerfüllung auswirkt (Internalisierungsthese) oder nicht (Argument der Scheinpartizipation), fehlen eindeutige Aussagen der verhaltenswissenschaftlichen Entscheidungstheorie.

197. Wie funktioniert Koordination durch Rückkoppelungsinformationen? (204)

In ungewissen Entscheidungssituationen tritt mangels verläßlicher Erwartungswerte anstelle der geplanten ein inkrementale (→ F 177) Koordination aufgrund von Rückkoppelungsinformationen über das Verhalten der Organisationsmitglieder. Die Koordination beschränkt sich auf nachträgliche Reaktionen auf eingetretene Störungen durch kurzfristig kompensierende Anpassungsmaßnahmen. Zeitverzögerungen bei der Störmeldung, der Korrekturentscheidung oder -durchführung erhöhen die Gefahr verspäteter und damit destabilisierender Korrekturen.

198. Beurteilen Sie den Erkenntnisbeitrag der verhaltenswissenschaftlichen Entscheidungstheorien. (205–207)

Die verhaltenswissenschaftlichen Ansätze bringen eine s a c h l i c h e (Prozeßbetrachtung, Einbeziehung sozialer und psychologischer Variablen) und m e t h o d i s c h e (Laborexperimente, Felduntersuchungen) E r w e i t e r u n g der Entscheidungsforschung. Die Erklärungsversuche des Entscheidungs- und Informationsverhaltens zeigen zwar Ansatzpunkte und Probleme organisatorischer Gestaltung auf, einer Umsetzung in konkrete Strukturempfehlungen stehen jedoch bisher folgende Hemmnisse entgegen:

- Die T e r m i n o l o g i e , insbesondere der weite O r g a n i s a t i o n s b e g r i f f (soziales Gebilde), weicht von gängigen betriebswirtschaftlichen Definitionen ab.

- Neben nur beschränkt gültigen Laboraussagen (→ F 192) liegen, insbesondere für Unternehmungen, nur w e n i g e e m p i r i s c h a b g e s i c h e r t e A u s s a g e n vor.

- Das Vorgehen des R e d u k t i o n i s m u s (→ F 168), ein zu erklärendes Problem in „elementare" Analyseeinheiten zu zerlegen, garantiert nicht, daß die Teilerkenntnisse sich zueinander in Beziehung setzen lassen. Eine solche A g g r e g a t i o n erscheint aber für eine hinreichende Erklärung des Ausgangsproblems notwendig.

V. Systembezogene Organisationsansätze

A. Grundlagen und Grundprobleme   Block 7

199. Skizzieren Sie das Wissenschaftsprogramm der Allgemeinen Systemtheorie. (208, 210, 222 f.)

Die Allgemeine Systemtheorie ist eine formale Wissenschaft von der Struktur, den Beziehungen und dem Verhalten von S y s t e m e n (→ F 201).

Sie versteht sich als ü b e r g r e i f e n d e I n t e r d i s z i p l i n (Metawissenschaft), die zur Vereinheitlichung der Wissenschaften beiträgt. Auf hohem Abstraktionsniveau versucht sie, allgemeingültige Erklärungsaussagen über reale und abstrakte Systeme aller Art abzuleiten.

Ihre wesentlichen methodischen Kennzeichen sind:

- g a n z h e i t l i c h e B e t r a c h t u n g s w e i s e ;

- A n a l o g i e b i l d u n g : Mithilfe der einheitlichen Terminologie sollen f o r m a l e I s o m o r p h i e n (Gemeinsamkeiten) in den Strukturen von Theorien über unterschiedliche Sachverhalte aufgedeckt werden. Soweit eine gleiche Problemstruktur besteht, können diese Theorien übertragen und eventuell zu einer allgemeinen Theorie zusammengefaßt werden;

- B l a c k - B o x - B e t r a c h t u n g komplexer Systeme (→ F 231, 232).

200. Wie läßt sich die K y b e r n e t i k wissenschaftlich einordnen? (209, 225)

Die Kybernetik stellt eine formale, interdisziplinäre Metawissenschaft dar, die sich als Teildisziplin der Allgemeinen Systemtheorie mit den Strukturen und Informationsprozessen z i e l o r i e n t i e r t e r , d y n a m i s c h e r S y s t e m e befaßt.

Sie zieht dazu die Erkenntnisse der (mathematisch-statistischen) Informationstheorie (Zweig der Nachrichtentechnik zur Messung von Nachrichtenübertragungen) und der mathematischen Theorie der Automaten heran.

201. Was versteht man unter einem S y s t e m ? (210)

Ein System läßt sich allgemein definieren als abgegrenzte, geordnete Menge von Elementen, zwischen denen Beziehungen bestehen oder hergestellt werden können.

Als System bezeichnet man die betrachtete Ganzheit.

E l e m e n t heißt die kleinste Einheit in einem System, die man nicht weiter aufteilen kann oder will.

Die B e z i e h u n g e n bezeichnen Verknüpfungen, Abhängigkeiten oder Interdependenzen zwischen den Elementen.

202. Was wird als S t r u k t u r eines Systems bezeichnet? (210)

Die Struktur bezeichnet allgemein das A n o r d n u n g s m u s t e r d e r E l e m e n t e, das sich differenzieren läßt in

- die relativ statische B e z i e h u n g s s t r u k t u r (Struktur i. e. S.) und
- die dynamische P r o z e ß s t r u k t u r, d. h. die zeitliche Abfolge zusammenhängender Aktivitäten der Elemente.

203. Nach welchen E i g e n s c h a f t e n lassen sich Systeme klassifizieren?

Systeme lassen sich unter anderem unterscheiden hinsichtlich

- des Objektbereiches in r e a l e (k o n k r e t e) und i d e a l e (a b s t r a k t e) Systeme;
- der Herkunft in n a t ü r l i c h e und k ü n s t l i c h e Systeme;
- der Austauschbeziehungen zur Umwelt in g e s c h l o s s e n e (keine Austauschbeziehungen) und o f f e n e Systeme;
- der Variabilität in s t a t i s c h e und d y n a m i s c h e Systeme;
- der Möglichkeit, Systemzustand und -verhalten mit Sicherheit oder nur mit Wahrscheinlichkeit zu prognostizieren, in d e t e r m i n i s t i s c h e und p r o b a b i l i s t i s c h e Systeme;
- der Komplexität (Beziehungsvielfalt, → F 207) in e i n f a c h e, k o m p l e x e und ä u ß e r s t k o m p l e x e Systeme;
- des Stabilitätsbereiches in e i n f a c h e s t a b i l e, u l t r a s t a b i l e und m u l t i s t a b i l e Systeme (→ F 240).

204. Wodurch wird das V e r h a l t e n dynamischer Systeme bestimmt? (210)

Das Verhalten dynamischer Systeme hängt nicht nur von der Zahl, den Eigenschaften und dem Verhalten der E l e m e n t e , sondern auch von Zahl und Art der B e z i e h u n g e n ab, die nämlich die Eigenschaften der Elemente für das Zusammenwirken im System aktivieren.

Das Verhalten offener Systeme wird auch durch die Beziehungen mit ihrer Umwelt bzw. deren Elementen beeinflußt.

205. Erläutern Sie die Begriffe: Subsystem, Umsystem, Zwischensystem. (210)

Die formale Systemdefinition erlaubt es, je nach Betrachtungsebene ein Element selbst als System und ein System als Bestandteil eines übergeordneten Systems aufzufassen.

Ein S u b s y s t e m (Insystem) bezeichnet dann die Zusammenfassung mehrerer Elemente zu einer Untereinheit des betrachteten Systems; dessen Umwelt wird das U m s y s t e m (Supersystem) genannt.

Z w i s c h e n s y s t e m e umfassen Elemente und Beziehungen, die bestimmte grenzüberschreitende Aktivitäten zwischen offenen Systemen wahrnehmen.

206. Skizzieren Sie das Problem der G r e n z z i e h u n g von Systemen.

(213, 237 f.)

Die Abgrenzung eines Systems gegenüber seiner Umwelt und zwischen Subsystemen ist, ob sie unter

- dem theoretisch-analytischen Aspekt der Identifizierung oder
- dem pragmatisch-synthetischen Aspekt der Bildung von Systemen erfolgt,

letztlich am Untersuchungs- bzw. Gestaltungszweck auszurichten.

Formale Abgrenzungskriterien wie

- Übergewicht der inneren Bindung gegenüber der Bindung nach außen (Hartmann),
- Ausmaß der Interaktion: größerer Beziehungsreichtum innerhalb des Systems als nach außen (Chin)

werfen M e ß p r o b l e m e auf, wie

- die Bindung bzw. Interaktion operationalisiert und
- die Mehrdimensionalität der Beziehungen (Anzahl, Dichte, Intensität, Art, Wert) in einer einwertigen Maßzahl amalgamiert

werden kann. Sie sagen auch nichts über die für die praktische Systemgestaltung entscheidende Zielrelevanz alternativer Grenzziehungen aus.

207. Was versteht man unter Systemkomplexität? Wie läßt sie sich messen? (212)

Die Komplexität eines Systems ist gegeben durch

- die Anzahl seiner Elemente,
- den Beziehungsreichtum im Systeminneren und mit der Umwelt,
- die raum-zeitliche Veränderlichkeit der Elemente und Beziehungen.

Als quantitatives Maß, das jedoch auf die interne Komplexität zu einem Zeitpunkt beschränkt ist, dient die Varietät (V), d.h. die Anzahl der möglichen unterschiedlichen Beziehungen zwischen den Elementen eines Systems:

$$V = m \cdot \frac{n(n-1)}{2}$$

(n = Anzahl der verschiedenen Elemente im System, m = Anzahl der möglichen Beziehungen zwischen zwei Elementen).

208. Wie kann der Systemansatz den einzelwissenschaftlichen Erkenntnisfortschritt fördern? (208 f., 222 f.)

Der Systemansatz kann zum Erkenntnisfortschritt der Einzeldisziplinen beitragen

a) über eine interdisziplinäre Systemforschung, die formale Analogien aufdeckt (→ F 199),

b) durch disziplinäre Anwendung des systemtheoretischen Instrumentariums (Terminologie, Methodik), das

- neue Probleme aufdeckt, alte Probleme in neuem Licht betrachtet;
- über die einheitliche Sprache den Austausch problembezogener Erkenntnisse zwischen den Disziplinen erleichtert;
- problemrelevante Aussagen ordnen und Forschungslücken entdecken hilft.

Der Systemansatz hat also in erster Linie heuristische Relevanz.

209. Welche Gründe sprechen für die Anwendung des Systemansatzes auf betriebswirtschaftliche Organisationsprobleme? (221–223, 225)

Die systemtheoretische Sprache

- liefert einen einheitlichen formalen Bezugsrahmen zur Erfassung, Beschreibung und Analyse des komplexen Organisationsproblems;

- fördert in Verbindung mit der ganzheitlichen Betrachtungsweise einen **Problemrealismus**, der die Mehrdimensionalität der Organisation und den Einfluß der Umwelt auf die Organisation berücksichtigt;
- erleichtert die **Übernahme fachfremder Erkenntnisse** (z. B. aus Psychologie, Soziologie, Ingenieurtechnik) und die **Kooperation** mit anderen Disziplinen zur Theoriebildung und Problemlösung.

Die Modelle der **Kybernetik** eröffnen **formale Strukturierungsmöglichkeiten** zur Bewältigung dynamischer Organisationprozesse durch Steuerung, Regelung und Anpassung.

210. Zeigen Sie die Grenzen des Systemansatzes bei der Erklärung und Gestaltung der Unternehmungsorganisation auf. (222–225)

Trotz ihrer Vorzüge ist die Leistungsfähigkeit systemorientierter Organisationsansätze begrenzt:

- Der formale Rahmen des Systemansatzes bedarf ebenso wie die kybernetische Möglichkeitsanalyse (→ F 209) der inhaltlichen Ausfüllung.
- Formale Richtigkeit systemtheoretischer Aussagen bedeutet nicht schon empirische Wahrheit.
- Die organisatorische Aussagefähigkeit der Allgemeinen Systemtheorie ist wegen des hohen Abstraktionsgrades (sehr allgemeine Wenn-, wenig präzise Dann-Komponente) und der großteils fehlenden empirischen Fundierung gering.
- Die Systemtheorie kann also eine empirische Organisationsforschung nicht ersetzen (aber stimulieren). Die Systemaussagen sind realitätsbezogen zu formulieren und an der Organisationswirklichkeit zu überprüfen.
- Eine bloße systemtheoretische Umdefinition bisheriger Erkenntnisse auf höherem Abstraktionsniveau führt nicht weiter.

Die Systemtheorie liefert also **kein Patentrezept** zum Aufbau einer disziplinären oder interdisziplinären Organisationstheorie.

211. Beurteilen Sie den Erkenntnisbeitrag der organisatorisch relevanten Systemströmungen. (223 f.)

Die speziellen Systemströmungen

- Systems Engineering
- Systemanalyse (Systems Analysis)
- Systems Development
- Systems Design

lassen sich als **heuristische Verfahrensstrategien** für Analyse und/oder Synthese im Rahmen der Organisationsgestaltung interpretieren. Sie fordern eine ganzheitliche Betrachtungsweise der Beziehungszusammenhänge zwischen Elementen, Subsystemen, System und Supersystem, gehen jedoch mangels empirischer Fundierung in ihrem theoretischen Gehalt nicht über die Allgemeine Systemtheorie hinaus (→ F 210).

212. Welche Systemeigenschaften weist die Unternehmung auf? (210–212)

<u>Die Unternehmung ist ein zielorientiertes, offenes, soziotechnisches System, das Leistungen für Dritte erbringt.</u>

Das System Unternehmung läßt sich ferner als künstlich, dynamisch, äußerst komplex und probabilistisch charakterisieren.

213. Wie läßt sich das System Unternehmung näher kennzeichnen? (211)

Die Unternehmung

- erfüllt **Sachziele** für ihre gesellschaftliche Umwelt (**Zweckorientierung**),
- setzt sich (in einer demokratischen Gesellschaft) autonom **Formalziele** (**Zielorientierung**).

Für die Sach- und Formalzielerfüllung müssen Realgüter (Werkstoffe, Leistungen, Informationen) und Nominalgüter (Geld) in einem **Input-Throughput-Output-Prozeß**

- aus der Umwelt beschafft,
- in höherwertige Güter transformiert und
- wieder der Umwelt zugeführt

und diese Aktivitäten durch **Führungsprozesse** zielbezogen gelenkt werden.

Das vielfältige Unternehmungsgeschehen läßt sich nach Ulrich in

- operationelle (Beschaffung, Produktion, Absatz) und gesamtzielbezogene (z. B. Finanzierung) **Funktionen**,
- materielle, soziale, kommunikative und wertmäßige **Dimensionen**,
- die **Problemkategorien** Zielbestimmung, Systemgestaltung und Prozeßabwicklung

unterteilen.

214. Welche Probleme stellen Komplexität und Variabilität der Unternehmung und ihrer Umwelt? (212, 217)

Der komplexitätsbedingte Mangel an Transparenz und die Variabilität der Elemente und Beziehungen verhindern sichere Voraussagen über das Unternehmungs- und Umweltverhalten und rufen so bei den Unternehmungsmitgliedern Verhaltens- bzw. Entscheidungsunsicherheit hervor.

215. Wie läßt sich die Komplexität auf entscheidungsfähige Problemgrößen reduzieren? (212; 171–173, 185–188, 216, 227 f., 234 f.)

Mögliche Reduktionsstrategien sind:
- Bildung eines s u b j e k t i v e n M o d e l l s der realen Entscheidungssituation (→ B 6/F 155),
- am A n s p r u c h s n i v e a u orientiertes Entscheidungsverhalten (→ B 6/F 156),
- W a h r n e h m u n g s - u n d V e r h a l t e n s r e g e l n (z. B. Kalkulationsverfahren, Verträge, Pläne, → B 6/F 176),
- A u ß e n - o d e r U m w e l t d i f f e r e n z i e r u n g in überschaubare Segmente (z. B. politische, wirtschaftliche, soziokulturelle Umwelt; nach Regionen, Produktmärkten usw.),
- I n n e n d i f f e r e n z i e r u n g in spezialisierte Subsysteme (→ B 8/F 249 bis 254),
- Festlegung des F r e i h e i t s s p i e l r a u m e s (Ausmaßes an Unbestimmtheit) der Unternehmungsstuktur (vgl. B 2/F 42),
- B l a c k - B o x - B e t r a c h t u n g (→ F 231, 232),
- H i e r a r c h i s i e r u n g in über-, unter- und gleichgeordnete Subsysteme (→ F 243, 244).

216. Kennzeichnen Sie das Problem der Organisationsgestaltung aus systemtheoretischer Sicht. (213, 217)

Die Organisationsgestaltung umfaßt
- die (Innen-) D i f f e r e n z i e r u n g der Unternehmung in arbeitsteilige, untereinander relativ autonome Subsysteme zur Anpassung an spezifische, überschaubare Umweltausschnitte und
- die I n t e g r a t i o n der Teile zu einem zielorientiert handelnden Gesamtsystem

in Abhängigkeit von unternehmungsinternen und -externen Bedingungen.

Diese Ordnungsleistung zielt darauf ab, Komplexität zu reduzieren, das Verhalten der Unternehmungsmitglieder zu stabilisieren und so die Handlungs- und Entscheidungseffizienz zu steigern, gleichzeitig die überlebenswichtige Anpassungsfähigkeit (Flexibilität) der Unternehmung in einer veränderlichen Umwelt zu erhalten.

217. Wie wirken sich die Umweltbedingungen auf die Organisationsgestaltung aus? (217)

Je komplexer und dynamischer die Umwelt, desto größer das Ausmaß der Systemdifferenzierung, um Anpassungsfähigkeit und Verhaltenssicherheit zu gewährleisten; desto stärker wiederum die Notwendigkeit der Integration, um die Fliehkräfte der Differenzierung (z. B. Ressortegoismus) zu bändigen.

218. Wodurch unterscheiden sich strukturelle von funktionalen Subsystemen? (213 f.)

In **funktionalen** Subsystemen werden jeweils all die Funktionen und Prozesse, die ein bestimmtes Systemerfordernis erfüllen, zu Analysezwecken **gedanklich** zusammengefaßt. Funktionale Subsysteme zeigen organisatorisch zu gestaltende Problemkategorien der Unternehmung auf. Die Abgrenzung hängt von den als relevant erachteten Systemerfordernissen ab.

Strukturelle Subsysteme, d. h. konkrete institutionelle Gliederungseinheiten (z. B. Abteilungen, Arbeitsgruppen), denen bestimmte Aufgaben und Kompetenzen zugewiesen sind, sind das Ergebnis organisatorischer Gestaltung. Zum Problem ihrer Abgrenzung vgl. F 206.

219. Nennen Sie mögliche Ansätze funktionaler Systemdifferenzierung. (214 f.)

Burns unterscheidet

- politisches System (Zielbildung),
- Arbeitssystem (Produktionsaufgabe),
- Karrieresystem (Verteilung sozialer Posiitonen).

Johnson, Kast und **Rosenzweig** differenzieren prozeßbezogen zwischen

- Entscheidungssystem,
- Durchführungssystem,
- Kontrollsystem und
- Informationssystem.

Katz und Kahn gliedern in

- Produktionssystem (Leistungserstellung),
- Erhaltungssystem (innerbetriebliche Personalwirtschaft),
- Versorgungssystem (grenzüberschreitende Beschaffungs- und Absatzbeziehungen),
- Anpassungssystem (Innovationsprozesse),
- Führungssystem (gesamtzielbezogene Steuerung der anderen Systeme).

Bleicher nennt:

- Operationssystem (Güterströme), unterteilt in Erzeugungs-, Finanz- und Informationssystem,
- Innovationssystem (Anpassung an Umweltveränderungen),
- Politiksystem (Ziel- und Mittelentscheidungen).

220. Was besagt das Prinzip der Partialinklusion? Leiten Sie anhand bereits vorgestellter Organisationsansätze mögliche Auswirkungen ab.
(214; 96, 108)

Nach dem Prinzip der Partialinklusion kann ein Unternehmungsmitglied mehreren funktionalen Subsystemen angehören. So kann z. B. ein Mitarbeiter im politischen System an der Zielsetzung und im Operationssystem an der Zielverwirklichung mitwirken. Unterschiedliche Verhaltenserwartungen in den funktionalen Subsystemen können Rollenkonflikte und -überlastungen (→ B 4/F 79) auslösen. Andererseits kann Partialinklusion die organisatorische Integration und Anpassungsfähigkeit und die Zufriedenheit der Organisationsmitglieder fördern – ein Gedanke, der dem partizipativen Strukturkonzept der überlappenden Gruppen (→ B 4/F 88) zugrundeliegt.

221. Wie läßt sich innerhalb der Unternehmung das Subsystem Organisation abgrenzen?

Das Organisationssystem der Unternehmung stellt ein durch isolierende Abstraktion abgeleitetes funktionales Subsystem dar. Es umfaßt die durch Differenzierung und Integration geschaffene, zielorientierte Struktur der Unternehmung in Form von

- Verteilungsbeziehungen,
- Informationsbeziehungen und
- materiellen Ablaufbeziehungen

zwischen den Elementen
- Aufgabe,
- Mensch,
- Sachmittel.

222. Welche Merkmale kennzeichnen das Organisationsproblem? (216–221)

Das Organisationsproblem ist durch m e h r e r e
- zu erfüllende S y s t e m f u n k t i o n e n ,
- P r o b l e m e b e n e n und
- S t r u k t u r i e r u n g s m ö g l i c h k e i t e n

gekennzeichnet, die eine m e h r d i m e n s i o n a l e Strukturierung erfordern.

223. Erläutern Sie das Zuordnungsproblem zwischen Struktur und Funktion.

(216)

Durch Organisieren wird versucht, aufgaben- und arbeitsmäßig verbundene produktive Elemente (Menschen, Sachmittel) so zusammenzufassen, daß strukturelle und funktionale Subsysteme sich decken. Dieses Ideal läßt sich jedoch nie völlig verwirklichen, weil die Aktivitäten der Elemente meist auf mehrere Systemfunktionen einwirken (vgl. F 220). Eine Strukturierung auf eine Systemfunktion hin behindert die Koordination der anderen Funktionen (Beispiel: Innovationsdilemma, → B 6/F 194).

Die Organisationsgestaltung muß einen Mittelweg finden
- zwischen einem die ungebundene, flexible Erfüllung mehrerer Systemfunktionen fördernden n i e d r i g e n und einem Spezialisierungs- und Koordinationsvorteile bringenden h o h e n Strukturierungsgrad der Subsysteme (vgl. B 2/F 42) und
- zwischen der Starrheit e i n e r Struktur für alle Funktionen und der unübersichtlichen Zuordnung j e e i n e r Struktur zu jeder Funktion.

224. Skizzieren Sie das M e h r e b e n e n - P r o b l e m der Organisationsgestaltung. (217–220)

Simon unterscheidet in der Unternehmung eine o p e r a t i v e , darüber die a d m i n i s t r a t i v e , als höchste die p o l i t i s c h e E n t s c h e i d u n g s p r o b l e m e b e n e , deren Kennzeichen und Zusammenhang Abb. 15 aufzeigt. Die zur politischen Ebene hin zunehmende Umweltkomplexität und schlechtere Problemstrukturierung relativieren die Eignung der Problemlösungsmethoden (Abb. 15).

Die Problemebenen können als funktionale Subsysteme aufgefaßt werden, die strukturell zu gestalten sind. Sie lassen sich jedoch nur schwerpunktmäßig bestimmten Hierarchieebenen zuordnen (→ F 226).

Entscheidungsebene	Entscheidungsinhalt	Beschränkung durch	Umweltkomplexität	Problemstruktur	Problemlösungsmethoden	Merkmale der Methoden
politisch	Zielformulierung und Strategiebildung	hohen Umweltbezug, interne Faktoren	hoch	schlechtstrukturiert	heuristisch und quasianalytisch	prozeßorientiert
administrativ	Programme für operative Prozesse	politische Entscheidungen	mittel	großteils schlechtstrukturiert	quasi-analytisch und heuristisch	prozeßorientiert
operativ	routinemäßige Steuerung und Regelung von Arbeitsprozessen	administrative Entscheidungen	gering	wohldefiniert (programmierbar)	analytisch (Operations-Research-Verfahren)	ergebnisorientiert

Abbildung 15

225. Wie unterscheiden sich die Problemlösungsmethoden hinsichtlich ihres Vorgehens? (219)

H e u r i s t i s c h e Problemlösungstechniken beruhen als subjektiv erlernte Faustregeln auf Erfahrung.

Q u a s i - a n a l y t i s c h e Verfahren stellen Ablaufschemata für die Informations- und Entscheidungsaktivitäten in hierarchisch geordneten, durch Rückkoppelung verbundenen Subsystemen auf. Die Subsysteme können analytische oder heuristische Methoden anwenden. Die Rückkoppelungsprozesse werden durch Problemindikatoren (z. B. Soll-Ist-Abweichungen) gesteuert.

Diese prozeßorientierten Methoden befriedigen ein bestimmtes Anspruchsniveau. Dagegen leiten die a n a l y t i s c h e n Verfahren des Operations Research, die ein wohldefiniertes Problem und ausreichende, präzise Daten voraussetzen, mittels Algorithmen optimale Ergebnisse ab.

226. Inwieweit lassen sich die funktionalen Problemebenen strukturellen Unternehmungsebenen zuweisen? (219 f.)

Da über den Zyklus von Planung, Realisation und Kontrolle Interdependenzen zwischen politischer, administrativer und operativer Aufgabenerfüllung bestehen, ist eine exklusive Arbeitsteilung zwischen den strukturellen Unternehmungsebenen nicht durchführbar. Doch verlagert sich auf den höheren Führungsebenen der Schwerpunkt auf administrative und politische Entscheidungen (Abb. 16).

politische Entscheidungen	obere Unternehmungsführung
administrative Entscheidungen	mittlere Unternehmungsführung
operative Entscheidungen	untere Unternehmungsführung

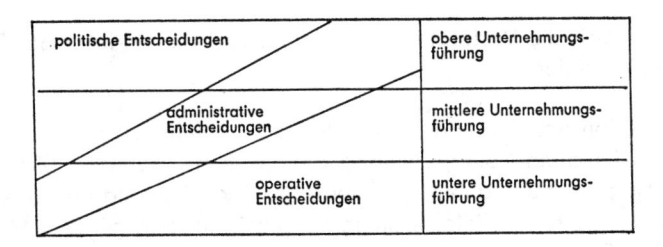

Abbildung 16

227. Welche Konsequenzen hat das für die Organisationsgestaltung? (220 f.)

Die unterschiedliche Problemverteilung auf die Unternehmungsebenen erfordert ebenso differenzierte organisatorische Lösungen (m e h r s t u f i g e   O r g a n i s a t i o n). Zur Unternehmungsspitze hin nimmt aufgrund der höheren Komplexität die organisatorische Gestaltbarkeit ab. Für die oberen Führungsebenen, deren Entscheidungen Ungewißheit zugunsten der nachgeordneten Einheiten absorbieren, ist ein größerer Dispositionsspielraum notwendig.

228. Beschreiben Sie die Grundzüge k y b e r n e t i s c h e r   O r g a n i s a t i o n s g e s t a l t u n g. (225 f.)

Die kybernetische Organisationsgestaltung strebt die Aufrechterhaltung eines Vorzugszustandes des (Unternehmungs-)Systems trotz externer und interner Störeinflüsse mithilfe störungsadäquater Strukturierungsmaßnahmen und Verhaltensregeln an.

Für eine solche zielorientierte Führung komplexer dynamischer Systeme liefert die Kybernetik formale Grundmodelle, die im spezifischen Anwendungsfall inhaltlich interpretiert und ausgefüllt werden müssen.

229. Was besagt das Gesetz der erforderlichen Varietät?

(226 f.)

Unter Varietät wird hier die Anzahl unterscheidbarer (diskreter) Zustände eines Systems verstanden. Mißt man sie nicht in absoluten Zahlen, sondern in „bit", so ergibt sich die Varietät aus der relativen Häufigkeit p_i der Zustände i und dem Logarithmus dualis (ld) von p_i und entspricht formal dem syntaktischen Informationsmaß der Entropie:

$$\text{Varietät (Entropie)} = - \sum_{i=1}^{N} p_i \, ld \, p_i$$

Analog lassen sich die Varietät der Störungen und die Varietät der Reaktionen (Maßnahmen) definieren.

Jede Kombination von Störung s_i und Reaktion r_k führt zu einem Ergebnis e_{ik}, das einen erwünschten Vorzugszustand des Systems darstellt (Zielerreichung) oder nicht. Unter der Annahme, daß jede Störung eine andere Reaktion erfordert, um die angestrebte Zielerreichung zu gewährleisten, gilt (bei Messung der Varietät in „bit"):

Die Ergebnisvarietät kann nicht geringer sein als die Varietät der (von außen einwirkenden und der internen) Störungen abzüglich der Reaktionsvarietät. Daraus folgt:

<u>Bei gegebener Störungsvarietät läßt sich die Varietät der Ergebnisse nur durch eine erhöhte Varietät der Reaktionen verringern (Gesetz der erforderlichen Varietät).</u>

230. Welche Bedeutung hat das Varietätsgesetz für die Organisationsgestaltung?

(227)

Das Varietätsgesetz zeigt Ansatzpunkte zur Systemgestaltung und -steuerung auf. Die Ergebnisvarietät läßt sich verringern, indem

- durch selektive Inputaufnahmen und Abschirmungsmaßnahmen die externe Störvarietät verringert oder

- durch organisatorische Maßnahmen, die durch Differenzierung und Integration zielgerichtete Strukturen bereitstellen, interne Störvarietät verringert und die Reaktionsvarietät erhöht wird.

Die organisatorische Gestaltbarkeit wird durch die operational beherrschbare Varietät begrenzt. Zur Bewältigung nicht vorhersehbarer Störungen muß das System entsprechende Dispositionsspielräume (Freiheitsgrade) enthalten (→ Gleichgewichtsproblem, B 2/F 42).

231. Beschreiben Sie das Vorgehen der B l a c k - B o x - Betrachtung. (214, 228)

Das zu untersuchende System, Subsystem oder Element wird als Schwarzer Kasten betrachtet, dessen Inputs und Outputs, nicht aber dessen innere Vorgänge einer Beobachtung zugänglich sind.

Indem die Inputs systematisch variiert und die daraus resultierenden Outputs festgestellt werden, können Ausgangshypothesen über das Systemverhalten gewonnen und ggf. Schlüsse auf die interne Struktur des Systems gezogen werden.

232. Erläutern Sie die theoretische und praktische Bedeutung der Black-Box-Betrachtung. (214, 228, 235)

Die Black-Box-Betrachtung eignet sich besonders für komplexe Systeme.

Die heuristische Kraft der Black-Box-Methodik erlaubt eine problemorientierte, zugleich ökonomische F o r s c h u n g s s t r a t e g i e : Die innere Struktur des Schwarzen Kastens wird schrittweise nur soweit aufgehellt, bis beim erreichten Detaillierungsgrad

- eindeutige Erklärungshypothesen gewonnen und hinreichend bestätigt werden können;
- hinsichtlich des pragmatischen Wissenschaftzieles daraus operationale Entscheidungshilfen ableitbar sind;
- durchführungstechnische oder forschungsökonomische (→ B 1/F 33) Barrieren auftreten.

Darüber hinaus ist die Black-Box-Betrachtung als P r o b l e m l ö s u n g s - h e u r i s t i k und G e s t a l t u n g s p r i n z i p im Sinne einer R e d u k - t i o n s s t r a t e g i e unmittelbar praktisch anwendbar. So läßt sich im System Unternehmung der notwendigen Handlungsfreiheit (→ F 230) der Subsysteme und der beschränkten Führungskapazität Rechnung tragen, indem nur die Inputs und/oder Outputs der Subsysteme bzw. produktiven Elemente (Menschen, Maschinen) spezifiziert und beeinflußt werden (z. B. beim Management by Objectives, → B 8/F 270).

233. Wie lassen sich die Modelle kybernetischer Organisationsgestaltung systematisieren? (227–233)

Die kybernetischen Modelle lassen sich von einfachen zu höherentwickelten Anpassungsformen wie folgt ordnen:

a) S t e u e r u n g

b) R e g e l u n g

c) Anpassung

- **sekundäre Regulation:**
  ultrastabile Systeme
  multistabile Systeme

- **primäre Regulation:**
  äquifinale Systeme
  lernende und lernfähige Systeme.

Diese Strukturtypen und Verhaltensweisen von Systemen sind keine einander ausschließenden Alternativen, sondern bauen aufeinander auf. Sie werden je nach den systemexternen und -internen Bedingungen (Komplexität) aktiviert und zu hybriden kybernetischen Systemen zusammengesetzt.

234. Vergleichen Sie die Wirkungsweise von Steuerung und Regelung (verbal und in graphischer Darstellung). (228 f.)

Die Beeinflussung des Verhaltens von Systemen oder Elementen auf ein vorgegebenes Ziel hin erfolgt

a) bei der Steuerung

- inputabhängig
- in einem offenen Wirkungsweg
- durch reine Vorwärtskopplung (Reihen- oder Parallelschaltung, Abb. 17),

indem die Steuerinstanz aufgrund erwarteter Outputwirkungen bekannter Inputveränderungen vorbeugende Maßnahmen veranlaßt (Beispiel: Koordination durch Planung, → B 5/F 136-138);

b) bei der Regelung

- outputabhängig
- in einem geschlossenen Wirkungskreislauf
- durch negative Rückkopplung (Regelkreis, Abb. 18),

indem die Regelinstanz Rückmeldungen über den Ist-Output des zu stabilisierenden Objektsystems erhält und bei unerwünschten Abweichungen vom Soll korrigierende Maßnahmen einleitet (Beispiel: Koordination durch Rückkoppelungsinformationen, → B 6/F 197).

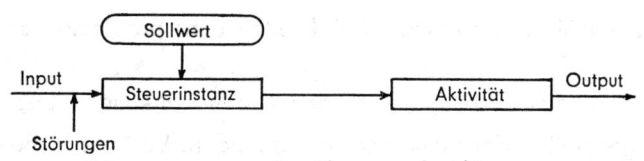

Steuerung: Reihenschaltung

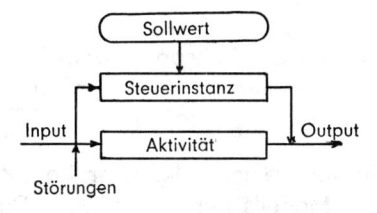

Steuerung: Parallelschaltung

Abbildung 17

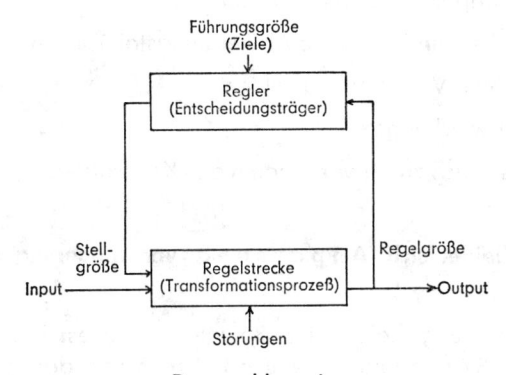

Regelkreis

Abbildung 18

235. Welche Bedingungen schränken die Anwendbarkeit der Steuerung ein?

(228)

Die Steuerung erfordert, daß

- alle potentiellen Störungen bekannt und erfaßbar sind,
- jeder Störung eindeutig eine in ihrer Wirkung bekannte Reaktion zugeordnet wird,
- keine systeminternen Kommunikationsstörungen auftreten.

Diese Voraussetzungen sind nur in deterministischen (Teil-)Systemen und bei vollkommener Information ganz erfüllt.

236. Skizzieren Sie Anwendungsmöglichkeiten und -probleme der Regelung.
(229 f.)

Da die Regelung erst auf eingetretene negative Störwirkungen reagiert,

- hat sie gegenüber der Steuerung eine geringere Varietät zu bewältigen und
- ist bei unvollkommener Information, für probabilistische und komplexe Systeme geeignet,
- lassen sich jedoch wegen der Zeitspanne zwischen Ist-Wert-Erfassung und Wirkung der Korrekturmaßnahmen Schwankungen um den Sollwert nie völlig ausschalten.

Eine betriebliche Regelinstanz entscheidet über Korrekturmaßnahmen anhand eines subjektiv geprägten Modells der Regelstrecke. Dessen Verläßlichkeit und Genauigkeit bestimmen die Anzahl der erforderlichen Regelungsvorgänge bis zur Zielerreichung.

Instabilitäten des Regelungssystems können verursacht sein durch

- unzureichende Kapazität der Regelinstanz,
- unerreichbare Ziele und zu kleine Abweichungstoleranzen,
- Übermittlungs- und Verarbeitungsfehler,
- hohe Soll-Ist-Abweichungen,
- verspätete oder auch zu oft vorgenommene Korrekturen.

237. Wie unterscheidet sich A n p a s s u n g von Steuerung und Regelung?
(230)

Steuerung und Regelung zielen auf Bewahrung eines bestehenden Gleichgewichts zwischen System und Umwelt ab, Anpassung dagegen auf die Überführung in einen neuen Gleichgewichts- oder Vorzugszustand entsprechend veränderten systeminternen und -externen Bedingungen.

Das Anpassungssystem formuliert und ä n d e r t daher seine Z i e l e selbst und regelt darauf bezogen sein V e r h a l t e n.

238. Nennen Sie organisatorisch relevante Ansätze, die Anpassungsprozesse behandeln.
(112 ff., 172 ff., 188 f., 330 ff.)

Mit Anpassung befassen sich:

- Theorie der individuellen (→ B 6/F 156) und organisatorischen (→B 6/F 179) Anspruchsanpassung,
- Ansätze des geplanten organisatorischen Wandels (→ B 4/F 25),
- Stadienkonzepte des (strukturellen) Systemwandels (→ B 8/F 289–291).

239. Wodurch unterscheiden sich sekundäre und primäre Regulation? (231)

Bei s e k u n d ä r e r R e g u l a t i o n werden innerhalb fester Systemstrukturen lediglich Ziele, Verhaltensweisen und Prozesse angepaßt (Regelungsanpassung).

Die p r i m ä r e R e g u l a t i o n verkörpert dagegen strukturelle Flexibilität. Die strukturelle Anpassung (als permanente Reorganisation oder in größeren Zeitabständen erfolgende Neuorganisation) hebt die sekundären Regulationen auf ein neues, effizienteres Niveau.

240. Vergleichen Sie u l t r a s t a b i l e und m u l t i s t a b i l e Systeme. (230 f.)

Siehe Abbildung 19.

Ultrastabiles System	Multistabiles System
Anpassungsstrategie	
h o m ö o s t a t i s c h : ● für voraussehbare Störungen Steuerung und Regelung ● für neuartige Störungen Regelung oder Anpassung partiell erforderliche Anpassungsvorgänge führen zu t o t a l e r Systemanpassung	Verbindung mehrerer u l t r a s t a b i l e r S u b s y s t e m e, die zeitweilig voneinander unabhängig sind (setzt interne Störvarietät herab): ● p a r t i e l l begrenzte Anpassungen an spezifische Umweltfelder ● Verbesserung der Abstimmung zwischen den Subsystemen
Stabilisierungsfähigkeit	
begrenzt auf bestimmte Klasse von Störungen, weniger komplexe Systeme	auch bei hoher externer Störvarietät, (äußerst) komplexen Systemen
Umweltbedingungen	
relativ homogen, wenig veränderlich	heterogen, stark dynamisch
Beispiele	
Verrichtungsorganisation	Objektorganisation

Abbildung 19

241. Was versteht man unter einem äquifinalen System? (230)

Ein äquifinales System ist in der Lage, sein Ziel von unterschiedlichen Anfangsbedingungen aus und auf verschiedenen Wegen (in Form prozessualer und struktureller Maßnahmen) zu erreichen.

Diese erhöhte Reaktionsvarietät äquifinaler Systeme erfordert Entscheidungs- und Handlungsspielräume der Elemente, Subsysteme und des Systemganzen. Solche organisatorischen Unbestimmtheitsbereiche sind daher trotz ihres internen Störungspotentials (Fehlleistungen, Konflikte, Diskontinuitäten) für die Anpassungsfähigkeit komplexer Systeme notwendig (vgl. F 230).

242. Welchen Anforderungen muß eine als lernfähiges System organisierte Unternehmung genügen? (232 f.)

Lernen beruht auf Rückkopplungsvorgängen: erfolgreiche Reaktionen auf bestimmte Umwelteinflüsse werden beibehalten und verstärkt (positive Rückkopplung); Mißerfolge lösen Änderungen des Reaktionsmusters aus (negative Rückkopplung). Diese Erfahrungen versetzen das lernende System in die Lage, auf wechselnde Umwelteinflüsse (Störungen) gezielt mit jeweils zieladäquaten Strategien und Strukturen zu antworten.

Die Organisation der Unternehmung als lernfähiges System erfordert eine Struktur, die günstige Informations-, Kommunikations- und Motivationsbedingungen für

- das Erlernen neuer eigener und neu in der Umwelt auftretender Strukturen und Strategien,
- darüber hinaus das Lernen, wie man lernt,

ermöglicht und schafft.

243. Erläutern Sie das formale Hierarchieprinzip. (233 f.)

Die Hierarchie faßt die Systemprozesse so in Subsystemen zusammen, daß jedes mindestens einem anderen über- oder untergeordnet ist. Dieses formale Anordnungsmuster soll eine gesamtzielbezogene Lenkung der Systemprozesse ermöglichen.

Die untergeordneten Subsysteme sind hinsichtlich ihres Entscheidungsspielraumes und damit ihrer Komplexität in Form interner Modelle in den übergeordneten Subsystemen enthalten.

Je geringer die Kapazitäten der Subsysteme im Verhältnis zum Komplexitätsgrad (erforderlichen Reaktionsvarietät) sind, desto höher ist die Zahl der Hierarchieebenen.

244. Skizzieren Sie das Problem des Systemsprungs. Geben Sie Beispiele. (234 f.)

Die Unternehmungsstruktur läßt sich als S y s t e m h i e r a r c h i s c h v e r b u n d e n e r R e g e l k r e i s e gestalten. Dabei stellen die übergeordneten Regelinstanzen die Führungsgrößen (Zielvorgaben) für die als „black boxes" betrachteten, unmittelbar nachgeordneten Regelkreis-Subsysteme ein. Diese können innerhalb gewisser Grenzen ihre Outputstabilität (Zieleinhaltung) gegenüber Störungen aufrechterhalten.

Die Frage nach dem S y s t e m s p r u n g (und damit zugleich nach den organisatorischen Freiheitsgraden, → F 241) lautet: Ab welcher Störvarietät bzw. jenseits welcher Abweichungstoleranzen eines Regelkreis-Subsystems soll die Regelinstanz des übergeordneten Subsystems informiert werden und eingreifen? Dies läßt sich an zwei Beispielen des M a n a g e m e n t b y E x c e p t i o n (→ B 8/F 272) veranschaulichen: Wieviel Prozent Überschreitung des monatlichen Kostenbudgets in einer Fertigungsabteilung rufen den Werksleiter auf den Plan? Dürfen Bezirksverkaufsleiter bis zu 50 000 DM oder 100 000 DM je Einzelauftrag die Sonderkonditionen ohne Rücksprache mit dem Verkaufschef aushandeln?

245. Welche Bedeutung hat das Hierarchieprinzip für die Organisationsgestaltung? (234–236)

Das formale Hierarchieprinzip bewirkt eine effiziente K o m p l e x i t ä t s r e d u k t i o n und Ungewißheitsabsorption, die es als Strukturierungskonzeption für komplexe Systeme empfehlen. Im Vergleich zu anders strukturierten Systemen gleicher Größe und Komplexität erfordern hierarchisch gegliederte Systeme viel weniger interne Informationsverarbeitung. Systeme in Form eines hierarchischen Regelkreisverbundes sind m u l t i s t a b i l.

Kritik am formalen Hierarchieprinzip, die auf einer unreflektierten inhaltlichen Gleichsetzung mit einer bürokratischen Autoritätsstruktur beruht, geht fehl. Hierarchie ist ebenso mit kollegialen oder partizipativen Strukturen vereinbar (vgl. Modell der überlappenden Gruppen, → B 4/F 88).

B. Bausteine systemorientierter Organisationsgestaltung
Block 8

246. In welchem Verhältnis stehen aspekt- und systemorientierte Organisationsansätze? (236 f.)

Der Systemansatz ordnet als formaler Bezugsrahmen für eine mehrdimensionale Organisationsgestaltung die inhaltlichen Beiträge der aspektorientierten Organisationsansätze (Klassik, Neoklassik, mathematische und verhaltenswissenschaftliche Entscheidungstheorien) in den Gesamtzusammenhang ein.

247. Welche Hindernisse stehen einer optimalen Organisationsgestaltung entgegen? (237 f.)

Daß beim derzeitigen Wissensstand nur zufriedenstellende Strukturlösungen möglich sind, liegt begründet in

- den Erfassungsproblemen der M e h r d i m e n s i o n a l i t ä t ;
- der I n t e r d e p e n d e n z der strukturellen Lösungen für die Subsysteme;
- fehlenden operationalen E f f i z i e n z k r i t e r i e n ;
- der Vielfalt und weitgehend ungeklärten Kausalität der strukturbeeinflussenden und -beeinflußten F a k t o r e n ;
- der begrenzten A u s s a g e f ä h i g k e i t (→ F 284, 288) und den zum Teil widersprüchlichen Ergebnissen e m p i r i s c h e r F o r s c h u n g ;
- dem aus den genannten Gründen bisher ungelösten Z u r e c h n u n g s p r o b l e m , den wirtschaftlichen Beitrag der Organisationsstruktur zu isolieren.

248. Welchen praktischen Schwierigkeiten begegnet die prozeßorientierte S u b s y s t e m b i l d u n g ? Zeigen Sie einen Ausweg auf. (238 f.)

Eine p r o z e s s u a l e (relationsorientierte), simultane Abgrenzung von Subsystemen wird durch die Mehrdimensionalität der Beziehungen, die großteils ungelöste Meßprobleme (→ B 7/F 206) aufwirft, die Multifunktionalität der Aktivitäten (→ B 7/F 223) und noch ungeklärte Wirkzusammenhänge erschwert.

Als pragmatische Strategie wird daher eine sukzessive Subsystembildung vorgeschlagen, die

- zunächst eine m e r k m a l s o r i e n t i e r t e Differenzierung unter aufgabenlogischem Aspekt vornimmt,

- diese – soweit operational erfaßbar – prozeßbezogen modifiziert und
- in weiteren Schritten soziale und technologische Beschränkungen merkmalsorientiert und prozessual berücksichtigt.

249. Nennen Sie die Möglichkeiten aufgabenlogischer Systemdifferenzierung.
(240)

Die aufgabenlogische Subsystembildung kann nach
- Verrichtungen („Funktionen")
- Objekten (Produkten, geographische Regionen, Kundengruppen)
- Projekten
- kombinierten Merkmalen

erfolgen.

Nach dem Gliederungs- oder Aufgabenzentralisationsmerkmal der o b e r s t e n Hierarchieebene unterscheidet man V e r r i c h t u n g s - oder O b j e k t o r g a - n i s a t i o n , ggf. mit einer überlagernden P r o j e k t o r g a n i s a t i o n , und Mischformen aus kombinierter Merkmalsanwendung (z. B. M a t r i x o r g a n i - s a t i o n). Auf den nachfolgenden Ebenen sind davon unabhängig gleiche oder unterschiedliche Merkmale anwendbar (Merkmalshierarchie).

250. Welche Typen von I n t e r d e p e n d e n z e n können zwischen (Sub-) Systemen bestehen?
(284)

Thompson unterscheidet nach zunehmender Komplexität und Koordinationsschwierigkeit:
- g e b ü n d e l t e I n t e r d e p e n d e n z : Inanspruchnahme gemeinsamer Ressourcen oder gemeinsame, additiv auf die Subsysteme verteilte Beschränkung(en);
- s e q u e n t i e l l e I n t e r d e p e n d e n z : der Output eines Subsystems ist Input eines anderen Subsystems;
- w e c h s e l s e i t i g e I n t e r d e p e n d e n z : Input-Output-Beziehungen in beiden Richtungen.

Wechselseitige Interdependenz schließt die sequentielle, diese die gebündelte Interdependenz ein.

251. Vergleichen Sie Anwendungsmöglichkeiten und -grenzen von V e r r i c h - t u n g s - und O b j e k t o r g a n i s a t i o n .
(240–242)

Siehe Abbildung 20.

	Verrichtungsorganisation	**Objekt-, Sparten- oder Divisionale Organisation**
Ausrichtung	Prozeßorientierung (ausgehend vom Realgüterprozeß; abgeleitete Informations-, Finanz- und personalwirtschaftliche Prozesse)	(Absatz-) Markt- und Erfolgsorientierung
Produkt-Markt-Bedingungen	homogen, relativ stabil (Idealtyp: Einproduktunternehmung)	heterogen, dynamisch
Kompetenzbedingung		Entscheidungskompetenz der Spartenleiter mindestens für Produktion und Absatz ihrer Erzeugnisse
Interdependenztyp	überwiegend sequentiell	– gebündelt (Conglomerate[1]) – sequentiell (vertikal-konzentrierte Unternehmung[2]) – wechselseitig
Wirtschaftlichkeit	V: Kostenvorteile durch Spezialisierung, standardisierte und programmierte Prozesse	V: bessere Marktausschöpfung N: möglicher Verlust von Größenvorteilen, Gefahr von Doppelarbeiten
Koordinationsfähigkeit	N: Ressortegoismus der Verrichtungsbereiche (Ziel- und Interessenkonflikte) kann Entscheidungen verzögern	V: Gesamtzielorientierung über Gewinn N: Probleme beim innerbetrieblichen Leistungsaustausch (Verrechnungspreise?)
Erfolgskontrolle der Hauptabteilungen	N: beschränkt (cost oder expense centers)	V: möglich (profit centers, investment centers)
Führungskräfte		V: motiviert Spartenleiter positiv, erhöht Ausbildungschancen für Führungsnachwuchs – erfordert qualifiziertere Führung
Stabilität/Anpassungsfähigkeit	ultrastabil (Lagerhaltung als Mengenpuffer, schwerfällige Reaktion auf Marktveränderungen)	multistabil (hohe Anpassungsfähigkeit gegenüber Veränderungen auf verschiedenen Marktsegmenten)

V = Vorteil, N = Nachteil
[1]) Sparten sind auf einer Vielzahl nicht verwandter Märkte tätig.
[2]) Spartengliederung nach Produktions- und Absatzstufen.

Abbildung 20

252. Kennzeichnen Sie die Projektorganisation. (242, 324 f.)

Eine Projektorganisation liegt vor, wenn

- zur Erfüllung einer einmaligen, komplexen, innovativen, mit Risiken verbundenen, zeitlich begrenzten Aufgabe (Projekt),
- die mehrere verrichtungs- oder/und objektorientierte Zuständigkeitsbereiche berührt und
- eine ständige Zusammenarbeit von Spezialisten verschiedener Fachgebiete erfordert,

ein temporäres Subsystem aus einer oder mehreren Projektgruppen unter einem Projektleiter gebildet wird. Im Gegensatz zum Kollegium (→ B 3/F 57) arbeiten die (meisten) Mitglieder einer Projektgruppe, bis diese nach der Aufgabenerfüllung aufgelöst wird, ständig zusammen.

Die Projektorganisation wird vorwiegend auf der mittleren und unteren Führungsebene ergänzend angewandt.

253. Welche Formen der Projektorganisation lassen sich unterscheiden? (242, 324)

Personal und Sachmittel können

- aus den bestehenden Subsystemen der Unternehmung rekrutiert („Task Force") oder
- großteils eigens für das Projekt eingestellt bzw. beschafft werden („Project-Organization").

Nach der Kompetenzverteilung unterscheidet man:

- Reine Projektorganisation: Projektleiter hat volle Weisungsbefugnis und Verantwortung für die Projektdurchführung;
- Einfluß-Projekt-Organisation (Projektkoordination): Projektleiter ohne Weisungsrecht überwacht Projektfortschritt und -kosten und berät den projektverantwortlichen Linienvorgesetzten;
- Matrix-Projekt-Organisation (vgl. F 264): Doppelunterstellungen unter und Kompetenzüberschneidungen zwischen Projektleitern (Projektsteuerung) und Leitern der betroffenen Verrichtungs- oder Objektbereiche (Fachkompetenz).

254. Zeigen Sie die Anwendungsmöglichkeiten und -probleme der Projektorganisation auf. (243, 324 f.)

Die Voraussetzungen der Projektorganisation:

- Bildung sinnvoller Projekte (vgl. F 252),
- hohe Qualifikation der Beteiligten und
- (bei der „Task Force") latente Verfügbarkeit von Projektmitgliedern aus den Fachbereichen,

sind vor allem in größeren Unternehmungen mit heterogenen und dynamischen Umweltbedingungen gegeben bzw. wirtschaftlich realisierbar.

Aktive Unterstützung durch die oberste Unternehmungsführung, frühzeitige Nominierung und hohe fachliche und persönliche Qualifikation des Projektleiters und Kooperationsbereitschaft fördern den Projekterfolg.

Den Vorteilen, wie:

- **einheitliche** Projektplanung, -koordination und -kontrolle,
- Motivationsförderung durch Identifikation mit dem Projekt,
- Mitarbeiterschulung, Förderung des Führungsnachwuchses;
- situations- und problembezogene Aktivierung und daher
- **erhöhte Anpassungsfähigkeit** der Unternehmung,

stehen folgende Nachteile gegenüber:

- mögliche Kompetenz-, Interessen- und Loyalitätskonflikte zwischen Projektgruppen und Fachbereichen;
- sozial-psychologische Rückgliederungsprobleme („Task-Force") oder Arbeitsplatzunsicherheit („Project-Organization") nach Projektabschluß.

255. Welche aufgabenlogischen **Koordinations**dimensionen lassen sich unterscheiden? (316)

Koordination kann unter aufgabenlogischem Aspekt

- **vertikal** entlang des hierarchischen Beziehungszusammenhanges,
- **horizontal** zwischen Subsystemen gleicher Ebene,
- **lateral**, d. h. als (projektbezogene) Querschnittskoordination über Hierarchieebenen und Kompetenzgrenzen hinweg,

erfolgen.

Entsprechend lassen sich **eindimensionale**, allein auf die vertikale Koordination abstellende Organisationsformen (z. B. reine Verrichtungs- oder Objektorganisation) und **mehrdimensionale** Strukturtypen (z. B. Matrixorganisation) unterscheiden.

256. Welche Koordinationsmechanismen können eingesetzt werden?

(285; 108 f., 156 f., 204 f., 292 ff., 329 f.)

Die Koordination kann

a) **formal-strukturell** durch

- Hierarchie
- Koordinationsstellen und -abteilungen (Stäbe, Projektmananger, Zentralstellen)
- Kollegien, Komitees
- partizipative (Likert) oder kollegiale (Golembiewski) Gruppen (Teams)
- Integratoren (z. B. Personalunion, Verbindungsstellen, „linking pins" bei Likert, → B 4/F 88)

b) **personal** durch

- das Führungsverhalten (aufgaben- oder personenorientiert)
- (meist informale) Ad-hoc-Kommunikation und Selbstabstimmung (vgl. B 6/F 197)

c) **technokratisch** (vgl. B 5/F 137, 138) durch

- Zielvorgabe, ⎫
- Mittelvorgabe, Verrechnungspreise ⎬ Planung
- Regeln und Programme

erfolgen.

Die Koordinationsmechanismen sind teils untereinander substituierbar, teils bedingen oder ergänzen sie sich. Die Wahl bestimmter **Organisations- und/oder Führungsmodelle** entscheidet zugleich über vorgeschriebene und zulässige Koordinationsmechanismen.

257. Nennen Sie Gestaltungsmöglichkeiten der **Stab-Linien-Organisation**.

(317 f.)

In Verrichtungs- oder Objektorganisationen wird das Einliniensystem (→ B 3/F 51) häufig durch **Stäbe** (→ B 3/F 56) zur Unterstützung von Linieninstanzen ergänzt. Vom reinen Stabsgedanken militärischen Ursprungs, der Vorstellung vom kompetenz- und machtlosen Spezialisten (zur Kritik vgl. B 6/F 166), weicht die Praxis überwiegend ab.

Die Stabsstellen, -gruppen oder -abteilungen können abgestuft mit Informations-, Mitsprache-, Mitentscheidungsrechten oder nach bestimmten Richtlinien mit fachlich begrenzten Entscheidungs- und Anordnungsbefugnissen ausgestattet sein.

Nach dem Aufgabenbereich unterscheidet man S t a b s g e n e r a l i s t e n (z. B. Direktionsassistent) und S t a b s s p e z i a l i s t e n bzw. F a c h s t ä b e (z. B. für Steuern, EDV). Letztere können zu S p e z i a l i n s t a n z e n mit fachtechnischer Richtlinienkompetenz („wie") erhoben werden (z. B. Controller), so daß ein Mehrliniensystem (→ B 3/F 51) entsteht.

Die Stab-Linien-Organisation kann

- nur einen F ü h r u n g s s t a b für die Unternehmungsleitung,
- eine oder mehrere z e n t r a l e S t a b s s t e l l e n, die daneben auch nachgeordneten Linieninstanzen assistieren,
- einzelne S t ä b e a u f m e h r e r e n E b e n e n aufweisen,
- zur parallelen Linien- und S t a b s h i e r a r c h i e ausgebaut werden; den Stäben höherer Ebene sind die unteren Stäbe fachlich, u. U. disziplinarisch unterstellt („dotted-line"-Prinzip).

258. Welche Vor- und Nachteile hat die Stab-Linien-Organisation?
(179, 303 f., 317)

Von den Stäben verspricht man sich

- E n t l a s t u n g der Leitung;
- s a c h v e r s t ä n d i g e Entscheidungsvorbereitung, -durchführung und -kontrolle durch Spezialisten;
- verbesserte K o o r d i n a t i o n.

Mögliche Gefahren sind:

- unproduktive K o n f l i k t e zwischen Stab und Linie, insbesondere bei unklaren Stabskompetenzen;
- H e r r s c h a f t d e r E x p e r t e n, deren schwer nachprüfbare, u. U. auf einseitiger Problemsicht beruhende Vor-Entscheidungen den Finalentschluß der Linie weitgehend prägen (→ B 6/F 166);
- Informationsmanipulation durch den Stab;
- Demotivierung des Stabes infolge mangelnder Anerkennung, Abwälzung unangenehmer Entscheidungen auf den Stab.

259. Skizzieren Sie die Anwendungsmöglichkeiten und -probleme von Z e n -
t r a l s t e l l e n. (318 f., 323 f.)

Zentralstellen nehmen die Koordination der bei der Systemdifferenzierung vernachlässigten Merkmale wahr:

- bei einer Verrichtungsorganisation die marktorientierte O b j e k t koordination (Regional-, P r o d u k t m a n a g e r[1]);
- bei einer Objektorganisation die V e r r i c h t u n g s koordination, um Rationalisierungsvorteile zu erzielen;
- allgemein die Koordination ü b e r g r e i f e n d e r (Service-)Funktionen (z. B. EDV, Controller).

Die Zentralstellen unterstehen der obersten Unternehmungsführung[1]) und haben ein sachlich begrenztes Weisungsrecht oder eine Richtlinienkompetenz (Übergang zum M e h r l i n i e n s y s t e m, → B 3/F 51). Ihnen können spiegelbildliche Verbindungsstellen in den Verrichtungs- bzw. Objektbereichen gegenüberstehen.

Ähnlich wie in der Stab-Linien-Organisation kann es zu Kompetenz- und Interessen k o n f l i k t e n kommen. Die Zentralstellenleiter müssen ihre beschränkten Kompetenzen und Sanktionsmöglichkeiten durch f a c h l i c h e u n d p e r -
s o n a l e A u t o r i t ä t ausgleichen.

260. Wie können K o m i t e e s und Komiteesysteme eingesetzt und gestaltet werden? (326 f.)

Komitees (Kollegien, → B 3/F 57) können z e i t l i c h begrenzte oder dauerhafte Einrichtungen sein. Man unterscheidet

- nach der h i e r a r c h i s c h e n Z u s a m m e n s e t z u n g der Mitglieder: horizontale, vertikale, laterale Komitees;
- nach der K o m p e t e n z a u s s t a t t u n g : 1. Informations-, 2. Empfehlungs-(Beratungs-), 3. Entscheidungs-, 4. Ausführungskomitees sowie Mischformen.

E n t s c h e i d u n g e n können allein vom Komiteevorsitzenden nach umfassender Meinungsbildung oder durch Abstimmung unter den Mitgliedern getroffen werden.

K o l l e g i e n s y s t e m e entstehen, indem aufgabengleiche, phasenverschiedene Kollegien (vgl. oben 1.–4.)

---

[1]) Die Kompetenzausstattung und hierarchische Einordnung der Produktmanager variiert stark, so daß sie vielfach keine Zentralstellen i. e. S. darstellen.

- **zeitlich hintereinander gestuft** (z. B. 1, 2, 3, 4) oder
- **mit sukzessiv** (z. B. von 1 nach 3) eingeengtem Personenkreis **ineinander verschachtelt**,

oder nebeneinander stehende Kollegien mit unterschiedlichen (Teil-)Aufgaben
- durch eine **Instanz** oder
- über Kontaktpersonen oder Teilnahme aller Mitglieder in einem **Hauptkomitee**

koordiniert werden.

261. Worin bestehen die Vor- und Nachteile von Komitees (Kollegien)?
(327 f.; 320 f.)

Die vielseitigen Gestaltungsmöglichkeiten machen das Komitee(system) zu einem anpassungsfähigen **Koordinationsinstrument** für bereichsüberschreitende Probleme. Von der pluralen Willensbildung und **kooperativen** Problemlösung verspricht man sich über den Informationsaustausch kreative Lösungen, einen Interessenausgleich, Identifikation mit der Problemlösung und damit eine reibungslosere **Entscheidungsdurchsetzung**.

Andererseits kann es zu **Entscheidungsverzögerungen** oder -umgehungen, zu qualitativ unbefriedigenden oder oberflächlich-labilen **Kompromissen** (vgl. B 6/F 174) oder mangelnder **Verantwortungsbereitschaft** bei Mehrheitsentscheidungen kommen. Diese Nachteile lassen sich teilweise durch Alleinentscheidung des Vorsitzenden – zumindest im Konfliktfall – vermeiden.

262. Skizzieren Sie das Colleague Model von Golembiewski. (329 f.)

Um den Stab-Linien-Konflikt weitgehend einzudämmen, schlägt Golembiewski **kollegiale Gruppen** aus Führungseinheiten der Linie und unterstützenden Stellen vor, die für eine gemeinsame Aufgabe **gleichrangig verantwortlich** sind (horizontale Integration).

Die kollegialen Gruppen bilden mit der ihnen übergeordneten Gruppe (ebenso die ausführenden Stellen auf der untersten Ebene mit ihrer Führungseinheit) ein **kollegiales Team** (hierarchische Integration).

Gruppenentscheidungen sind nur erforderlich, wenn ein Problem mehr als ein Gruppenmitglied betrifft und in der Gruppe darüber keine A-priori-Übereinstimmung besteht. Wird nur der spezielle Aufgabenbereich eines Mitglieds berührt oder besteht über das Gruppenproblem Einigkeit, kann unipersonal entschieden werden. Die Problemklassifikation läßt sich jedoch nicht von interessenbedingten Einflußnahmen der Mitglieder freihalten.

263. Nennen Sie Vorstufen der Matrix-Organisation.

(242, 318 f., 323 f.)

Als Vorstufen der Matrix-Organisation können

- Verrichtungsorganisation mit P r o d u k t m a n a g e r n (→ F 259)
- Objektorganisation mit V e r r i c h t u n g s - Z e n t r a l s t e l l e n (→ F 259)
- überlagernde P r o j e k t o r g a n i s a t i o n (→ F 253)

bzw. die Einrichtung entsprechender Koordinations k o m i t e e s angesehen werden.

264. Wie läßt sich die Matrix-Organisation kennzeichnen? Welche Formen sind möglich?

(324 f.)

In der reinen Matrix-Organisation werden zwei Koordinationsdimensionen

- Verrichtung – Objekt oder
- Verrichtung – Projekt oder
- Objekt – Projekt

bei der Systemdifferenzierung g l e i c h r a n g i g berücksichtigt.

Die systematisch institutionalisierten K o m p e t e n z ü b e r s c h n e i d u n g e n dieses Zwei-Linien-Systems können für programmierbare Aufgaben durch genaue Kompetenzabgrenzungen im Sinne einer E i n h e i t l i c h k e i t d e r z w e i f a c h e n A u f t r a g s e r t e i l u n g entschärft werden. Für innovative Aufgaben empfiehlt sich dagegen eine offene Kompetenzabgrenzung.

Die Matrix-Organisation kann durch gleichrangige dreifache Differenzierung oder durch Komitees zu m e h r d i m e n s i o n a l e n Strukturformen erweitert werden.

265. Welche Möglichkeiten bietet, welche Probleme stellt die Matrix-Organisation?

(318 f., 324–326)

Durch

- problembezogene K o o r d i n a t i o n vielfältiger, wechselseitiger Interdependenzen,
- doppelte S p e z i a l i s i e r u n g ,
- I n n o v a t i o n s anstöße aus sachlich-offener Austragung der installierten Konflikte,
- differenzierte Kompetenzregelung (→ F 264)

wird die **Anpassungsfähigkeit** gegenüber verschiedenartigen, stabilen wie dynamischen Umweltsegmenten erhöht.

Die mögliche erfolgs- und kostenorientierte **Kontrolle** löst das Problem der Erfolgszurechnung und -verantwortung nicht.

Das Konfliktpotential kann beim Abgleiten in innovationshemmende persönliche **Konflikte** zu Instabilität führen. Die Matrix-Organisation erfordert eine hohe fachliche und persönliche **Qualifikation** der Mitarbeiter. Der „**Organisationsaufwand**" für notwendige Schulung, Personalreserven, Konfliktschlichtung und mögliche Doppelarbeiten ist hoch.

266. Wie kann die Gesamtleitung strukturiert werden? (320 f.)

Die Gesamtleitung (Vorstand, Geschäftsführung) kann von einer Einmann- oder **Singularinstanz** oder einem mehrköpfigen Leitungsorgan (**Pluralinstanz**) ausgeübt werden.

In Pluralinstanzen können **Entscheidungen**

- vom Vorsitzenden selbst gegen den Willen aller übrigen Mitglieder (**Direktorialprinzip**) ohne oder mit Revisionsmöglichkeit im Aufsichtsorgan,
- vom Vorsitzenden, jedoch **nicht** gegen das Veto des meistbetroffenen Mitgliedes oder eine qualifizierte Mehrheit (**Mischprinzip**),
- mit einfacher oder qualifizierter Mehrheit oder einstimmig (**Kollegialprinzip**, vgl. § 77 I Aktiengesetz)

getroffen werden. Alle **Aufgaben** können gemeinsam (**Gesamtkollegialität**) oder jeweils vom zuständigen Geschäftsführungsmitglied allein gelöst und nachträglich vom Kollegium formal genehmigt werden (**Ressortkollegialität**).

267. Was spricht für oder gegen das Kollegial- und das Direktorialprinzip?

(320 f., 327 f.)

Vgl. F 261 (umgekehrt für das Direktorialprinzip).

Außerdem: Beim **Kollegialprinzip** stehen höherer Arbeitskapazität, erschwertem Machtmißbrauch und geringeren Nachfolge- und Stellvertretungsproblemen höhere Gehaltsaufwendungen und Bürokratisierungsgefahr gegenüber.

268. Wie läßt sich eine gesamtzielbezogene (ressortneutrale) Koordination erreichen? (319 f., 292–302, 326–330)

Durch eine zielorientierte Strukturierung der Gesamtleitung in drei Führungsbereiche:

- Zielfindung (Unternehmungsplanung),
- Zielsetzung zur direktorial-einheitlichen Zieldurchsetzung (Exekutive),
- Zielkontrolle (Controlling: Steuerungsunterstützung, Überwachung).

Die Unternehmungspolitik (langfristige Ziele und Strategien) wird kollegial beschlossen.

Diese Konzeption kann durch

- Komitee- und Teamsysteme,
- hierarchisch-technokratische Führungsmodelle (→ F 269–272)

ergänzt werden.

269. Skizzieren Sie das Harzburger Modell. (293–296)

Das Harzburger Modell („Führung im Mitarbeiterverhältnis") fordert, daß Aufgabenbereich, Entscheidungskompetenz und Verantwortung sich decken. Jeder Stelleninhaber trägt innerhalb seines durch Stellenbeschreibung abgegrenzten Aufgaben- und Delegationsbereiches die Handlungsverantwortung. Die Führungsverantwortung (im wesentlichen Aufsichts- und Kontrollpflichten) trägt der jeweilge Vorgesetzte. Über 300 allgemeine Führungsanweisungen regeln die organisatorischen Interaktionen (Informationswesen, Dienstgespräche und Mitarbeiterbesprechungen, Stellvertretung, Beschwerden, Teamführung).

Zielbildung und Festlegung der Delegationsbereiche bleiben den Vorgesetzten vorbehalten. Man kann daher von einem Übergangsmodell zwischen autoritär-patriarchalischer und kooperativer Führung sprechen. Die hohe Formalisierung (Stellenbeschreibungen, Führungsanweisungen) birgt die Gefahr bürokratischer Schwerfälligkeit.

270. Wie läßt sich Management by Objectives (MbO) kennzeichnen? (296–299)

Management by Objectives (zielgesteuerte Unternehmungsführung) fordert Übereinstimmung von Organisations- und Zielhierarchie. Der Mitarbeiter legt die operationalen Zielvorgaben für seinen Delegations- und Verantwortungsbereich gemeinsam mit seinem Vorgesetzten fest

(Zielvereinbarung). Dadurch sollen einerseits Zufriedenheit und Leistung gesteigert, andererseits die notwendige Koordination gewährleistet werden. Über die Mittel zur Zielerreichung entscheidet der Mitarbeiter weitgehend autonom.

Ein **Kontrollsystem** mißt die Zielerreichung als Grundlage für Maßnahmen- und ggf. Zielkorrekturen, Leistungsbeurteilung und -belohnung (Gehalt, Beförderung) und künftige Zielformulierung. Dabei wird die Selbstkontrolle innerhalb des Management by Exception (→ F 272) bevorzugt.

271. Beurteilen Sie die Leistungsfähigkeit des MbO. (299 f.)

Kurzfristig mögliche Zielkorrekturen machen MbO **anpassungsfähiger** als das Harzburger Modell. Verhaltenswissenschaftliche Erkenntnisse (insbesondere über Selbstkontrolle und partizipative Zielformulierung, → B 6/F 162, 196) und spezielle empirische Untersuchungen legen nahe, das dauerhafte **Motivations- und Produktivitätspotential** des MbO eher bescheiden einzuschätzen.

Die **Koordinationsfähigkeit** ist auf Bereiche mit quantifizierbaren Zielen (z. B. Absatz, Produktion) beschränkt und auf die Problemstruktur der mittleren Unternehmungsebene (vgl. B 7/F 224–226) zugeschnitten. Horizontale und laterale Interdependenzen werden vernachlässigt.

272. Wie funktioniert **Management by Exception**? (300–302)

Das Prinzip des Management by Exception (MbE) ist im Harzburger Modell und im MbO enthalten und lautet: Der Vorgesetzte greift erst dann ein, wenn

- ein Problem den Entscheidungsspielraum eines Mitarbeiters überschreitet oder
- dessen Zielabweichung über die zugebilligten Toleranzgrenzen hinausgeht.

Diese **Ausnahmeregelung** (→ B 7/F 244) soll die Führung entlasten. Aus Motivationsgründen sollten nicht nur negative, sondern auch (herausragende) positive Zielabweichungen nach oben gemeldet werden. MbE ist in der Praxis auf quantifizierbare Probleme der operativen und administrativen Ebene beschränkt.

273. Was steht hinter der Forderung nach **informationsorientierter Führung**? (305 f., 313)

Führung verwertet, erzeugt und kommuniziert Informationen. Der wachsende Einfluß **geplanter, vor allem computergestützter Informa-**

tionssysteme auf die Realisations- und Führungsprozesse der Unternehmung bringt Chancen und Risiken mit sich.

Die k o m p l e x e n technischen, sozialen, psychologischen, aufgabenorganisatorischen und wirtschaftlichen Gestaltungs- und Einführungs p r o b l e m e erfordern – wie empirische Untersuchungen (Witte u. a.) bestätigen – eine i n f o r m a t i o n s o r i e n t i e r t e F ü h r u n g : Die Führung wird vom passiven Informationssystem-Benutzer zum a k t i v e n Mitgestalter, Initiator und Förderer einer umwelt-, aufgaben- und benutzergerechten System l ö s u n g und eines realistischen, anpassungsfähigen System e n t w i c k l u n g s prozesses.

274. Welche organisatorischen Ansätze liefern Beiträge zur Informationssystemgestaltung? (70 f., 80, 88 ff., 112 ff., 128 ff., 137 ff., 171 f., 174 ff., 185 ff., 190 ff., 228 ff., 273 f., 304, 314 f.)

Die Beiträge lassen sich nach ihrer Aspektorientierung einteilen in:

a) s o z i a l - p s y c h o l o g i s c h e Ansätze der Neoklassik und verhaltenswissenschaftlichen Forschung: intra- und interpersonale Informationsvorgänge und Einflußfaktoren (→ insb. B 4/F 68–72, 86, 91–93; B 6/F 153–155, 161–167, 176 f., 180–193, 197);

b) a u f g a b e n b e z o g e n - f o r m a l e Gestaltungsansätze der mathematisch-statistischen Entscheidungstheorie (→ B 5/F 106, 116–133) und der Klassik (vgl. B 3/F 51, 62);

c) i n f o r m a t i o n s t e c h n o l o g i s c h e Ansätze: EDV-Gestaltung (vgl. F 275), EDV-Einfluß auf die Organisationsstruktur (→ F 286);

d) K y b e r n e t i k als formal-interdisziplinärer Ansatz (vgl. B 7/F 200, 228–245).

275. Nennen Sie grundsätzliche Gestaltungsmöglichkeiten und Entwicklungsstrategien computergestützter Informationssysteme. (306 f., 311, 313 ff.)

Man unterscheidet

- nach zunehmender Kompetenz der EDV: r e i n e (Datenbank-) I n f o r m a t i o n s s y s t e m e sowie modellgestützte P r o g n o s e - , e m p f e h l e n d e und v e r a n l a s s e n d e E n t s c h e i d u n g s s y s t e m e ;

- nach der Mensch-Maschine-Kommunikation: Off-Line - B e r i c h t s s y s t e m e sowie On-line - A b f r a g e - und interaktive D i a l o g s y s t e m e ;

- nach Anwendungsbereich, -integration und Anpassungsfähigkeit: t o t a l e (große ultrastabile) und aus p a r t i e l l e n Teilsystemen bestehende, multistabile Systeme (vgl. B 7/F 240).

Die Systementwicklung kann

- von der Gesamtleitungsaufgabe („t o p - t o - d o w n") oder von der operativen Ebene („b o t t o m - u p") ausgehen;
- s i m u l t a n oder s u k z e s s i v erfolgen.

Die g e p l a n t - e v o l u t i o n ä r e Entwicklung stellt eine praktikable gemischte Strategie dar.

276. Welche Probleme begrenzen den Einsatz computergestützter Informationssysteme? (303–315)

In der bisherigen Informations(system)forschung sind folgende Anwendungsprobleme weitgehend ungelöst:

a) Ermittlung des entscheidungs-, situations- und personenbezogenen I n f o r m a t i o n s b e d a r f s (wird zur politisch-strategischen Entscheidungsebene hin immer schwieriger);

b) praktische (Nutzen-) B e w e r t u n g v o n I n f o r m a t i o n e n (Ersatzlösung „Verbesserung unbefriedigender Zustände" ist auf operative Probleme beschränkt);

c) A n w e n d e r o r i e n t i e r u n g oder Benutzerfreundlichkeit als

- t e c h n i s c h e s Problem: Effizienz von Off-line- versus On-line-Systemen;
- s o z i a l p s y c h o l o g i s c h e s Problem: Systemtransparenz, Abbau der Spannungen zwischen Systemspezialisten (Expertenherrschaft) und -benutzern (Anpassungswiderstände).

Zur Unternehmungsspitze hin wird wegen der zunehmend singulären, schlechtstrukturierbaren Aufgaben (vgl. B 7/F 224–226) der Computereinsatz problematischer und wächst die Gefahr, daß unter künstlichen S y s t e m z w ä n g e n die Anpassungsfähigkeit leidet.

277. Wie lassen sich die F ü h r u n g s t h e o r i e n klassifizieren? (286 f.)

Als Einflußfaktoren auf Führungsverhalten und -effizienz sieht

- die E i g e n s c h a f t s t h e o r i e die persönlichen Eigenschaften des Vorgesetzten,
- die s i m p l e S i t u a t i o n s t h e o r i e die gegebenen Situationsbedingungen und

- die beiden Ansätze verbindende **Interaktionstheorie** die Persönlichkeitsstruktur des Führers, die Persönlichkeiten der Gruppenmitglieder und den Kontext, in dem Führer und Geführte interagieren, an.

278. Welche polaren Führungsstile unterscheidet die Interaktionstheorie? (287)

Aufgrund interaktionsanalytischer Forschung wurde erkannt, daß an den Extrempunkten möglichen Führungsverhaltens

- **autokratische** (direktive) Führer zu **aufgabenorientiertem**,
- **demokratische** (nicht-direktive) Führer zu **personenorientiertem**

Verhalten neigen.

279. Skizzieren Sie das **Kontingenzmodell der Führungseffizienz** von Fiedler. (287–291)

Fiedler geht davon aus, daß die **Führungseffizienz** (Gruppenleistung, gemessen an Output- und Produktivitätsgrößen) von zwei Hauptfaktoren bestimmt wird:

a) **Persönlichkeit des Führers**, wie sie sich im Führungsstil (→ F 278) äußert: Führer, die den **wenigst geschätzten Mitarbeiter**, mit dem sie jemals zusammengearbeitet haben, relativ verständnisvoll (kritisch) beurteilen, also einen hohen (niedrigen) **WGM-Wert** aufweisen, gelten als personenorientiert (aufgabenorientiert).

b) **Günstigkeit der Situation** (d. h. inwieweit die Situation dem Führer Einflußnahme auf die Gruppe erlaubt): Fiedler unterstellt, daß die Situation um so günstiger ist,

- je besser die **Führer-Mitglieder-Beziehung** (Gruppenatmosphäre),
- je stärker die **Aufgabenstrukturierung**,
- je größer die formale **Macht der Führungsposition** ist.

Aus den dichotomisierten (polaren) Ausprägungen der drei Situationsvariablen werden acht von extrem günstig bis ungünstig eingestufte Situationszellen kombiniert.

Die empirisch gewonnenen Korrelationen lauten: „Aufgabenorientierte" Führer sind in sehr günstigen oder ungünstigen, „personenorientierte" Führer in mittleren Situationen erfolgreicher.

Einwände gegen diesen interaktionstheoretischen **Partialansatz** beziehen sich auf die Messung (Operationalisierung), vernachlässigte Variablen (z. B.

Persönlichkeiten der Gruppenmitglieder) und die unterstellten einfachen, statisch-linearen Abhängigkeiten.

280. Welche Fragestellungen untersucht die empirische Organisationsforschung? (44, 105, 247, 249, 253–284, 331 f., 333–338)

Die empirische Organisationsforschung untersucht,

- welche Zusammenhänge zwischen verschiedenen Strukturdimensionen bestehen (vergleichende Organisationsforschung: u. a. Hall/Haas/Johnson, Aston-Gruppe);
- ob und wie bestimmte Kontextbedingungen (→ F 281) die Struktur beeinflussen (u. a. Aston-Gruppe, Blau/Schoenherr, Hage/Aiken, Child, Kieser; historische Analysen, → F 289);
- welche Strukturmerkmale und -typen unter bestimmten Kontextbedingungen hinsichtlich bestimmter Ziele oder Ersatzkriterien Effizienzüberlegenheit aufweisen (Burns/Stalker; Woodward; Harvard-Gruppe: Lawrence, Lorsch, Walker, Allen III; Khandwalla).

281. Welche Strukturmerkmale werden empirisch untersucht? (120, 248 f., 255, 257 f., 260 f., 263 f., 267, 275 f., 283, 285)

Häufig untersuchte, als kontextabhängige Variablen betrachtete Strukturmerkmale oder -dimensionen sind

a) die Differenzierungsmerkmale:

- Spezialisierung (Ausmaß der Aufgaben- und Arbeitsteilung) und Professionalisierung[1]) (Einsatz qualifizierter Spezialisten);
- Entscheidungsdezentralisation (bzw. -zentralisation: hierarchische Verteilung der formalen Entscheidungskompetenzen) und faktische Einflußdezentralisation (vgl. B 4/F 97);
- Konfigurationsmerkmale: Zahl der Hierarchieebenen, oberste und durchschnittliche Leitungsspanne (Zahl der direkt Unterstellten), Leitungsintensität (L/A-Relation: Verhältnis von „administrativen" bzw. Leitungs- und Leitungshilfsstellen zu Ausführungsstellen);
- Stratifikation (Statussystem: Titel-, Einkommenshierarchie);
- Ziel-, Zeit- und interpersonelle (aufgaben- oder personenbezogene, → F 278) Orientierung der Führungskräfte (Bereiche);

---

[1]) Zum Teil auch als interne Kontextvariable betrachtet.

b) die **Integrations-** oder **Koordinations**merkmale:

- bevorzugte **Koordinationsmechanismen**;
- **Standardisierung** (**Programmierung**: Anteil und Detaillierung genereller Regelungen für Entscheidungs- oder Realisationsprozesse) und Ausmaß der **Planung**;
- **Formalisierung**: Ausmaß schriftlich fixierter Regelungen;
- Intensität und Form von **Kommunikationsbeziehungen**.

Die Strukturmerkmale werden teilweise zusammengefaßt (vgl. Aston-Gruppe) oder weiter differenziert (z. B. Verrichtungs-, Objektspezialisierung).

282. Welche Faktoren werden als organisatorische Kontextvariablen betrachtet? (249, 252–254, 265 f., 268, 270–275, 281–283, 331–339)

Der organisatorische Kontext umfaßt die gegebenen unternehmungsinternen und -externen Bedingungen, die direkt oder indirekt (über intervenierende Variable) die Wahl(möglichkeiten) und die Effizienz von Strukturmerkmalen bzw. -typen (mit)beeinflussen:

a) **Komplexität und Dynamik der** – ggf. geographisch differenzierten – (geo- und bio-)ökologischen, soziokulturellen, politisch-rechtlichen und wirtschaftlichen (insbesondere Markt-) **Umwelt**bedingungen wirken als Bestimmungsfaktoren der (wahrgenommenen) **Umweltunsicherheit**;

b) über Art und Ausmaß der **Umweltabhängigkeit** (z. B. von Kapitalgebern, Kunden) und beeinflußt von der **Unternehmungsstrategie** (-politik);

c) zusammen mit **Größe**, **Rechtsform**, **Alter** und **Geschichte** der Unternehmung;

d) über und zusammen mit

- dem Charakter der **Aufgaben**,
- den Bedürfnissen, Werten, Erwartungen, Fähigkeiten und dem interpersonalen Verhalten der **Menschen**,
- der in Sachmitteln und Verfahren realisierten **Technologie**

in der Unternehmung

auf Struktur und Struktureffizienz.

283. Welche Kriterien liegen den empirischen Effizienzvergleichen zugrunde? (248, 267, 272 f., 276 f.)

Meist werden die Unternehmungen anhand

- wirtschaftlicher Kriterien (z. B. Umsatz-, Gewinnentwicklung, Rentabilität, Marktanteil, Börsenkurs, Produktivität),
- der (Produkt- oder technologischen) Innovationsrate als Maß der Anpassungsfähigkeit

in erfolgreiche und weniger erfolgreiche klassifiziert.

Auswirkungen auf das Verhalten der Organisationsmitglieder (Motivation, Konflikt, Partizipation, Innovationsbereitschaft) wurden bisher vernachlässigt.

284. Worin liegen die methodischen Probleme der empirischen Organisationsforschung? (21 f., 42 ff., 51 f., 137, 245–247, 251 f., 264, 266 f., 280 f.)

Zur Messung (→ B 1/F 19, 20) der theoretisch definierten Struktur-, Kontext- und Effizienzvariablen sind

- geeignete empirische Indikatoren zu finden und
- mithilfe von Skalen numerisch abzubilden, die dem realen Merkmalsraum homomorph sind und den Anforderungen der
    - Reliabilität (Zuverlässigkeit: genaue und konsistente Messung unabhängig von veränderlichen Meßbedingungen) und
    - Validität (Gültigkeit: was gemessen werden soll, wird tatsächlich gemessen)

    genügen.

Die Qualität der Indikatoren wird von der Erhebungsmethode (→ B 1/F 36) beeinflußt, der Aussagewert der Daten von Stichprobenauswahl, -umfang und -zusammensetzung und Erhebungszeitpunkt.

Die statistischen Auswertungsmodelle liefern nur unter bestimmten Voraussetzungen (Skalentyp, Häufigkeitsverteilung, mathematische Beziehung zwischen den Variablen) unverzerrte Ergebnisse.

Ferner lassen statistisch signifikante Koeffizienten nicht schon auf

- empirische Relevanz,
- die Kausalität[1])

der Variablenzusammenhänge schließen, so daß die Interpretation auf Kausalitätsannahmen beruht.

---

[1]) Wenn A und B korrelieren, kann das Zufall, definitorisch bedingt, A von B (oder B von A) direkt oder über eine vernachlässigte Variable C, sowie A und B von C abhängig sein.

285. Welche Zusammenhänge bestehen zwischen Größe und Struktur? (256–260)

Mit zunehmender Organisations g r ö ß e (gemessen an der Beschäftigtenzahl) steigen

- Spezialisierung,
- Entscheidungsdezentralisation und
- technokratische Koordination und Kontrolle in Form standardisierter und formalisierter Programme

tendenziell an. Der Einfluß der Größe wird durch Professionalisierung, Technologie und Umwelt relativiert.

286. Wie wirkt sich die Technologie strukturell aus? (267–274)

Ob der Einfluß der P r o d u k t i o n s t e c h n o l o g i e über den Fertigungsbereich hinausgeht, ist noch umstritten.

Über die globalen Auswirkungen der I n f o r m a t i o n s t e c h n o l o g i e (EDV), insbesondere ob sie zur Entscheidungszentralisation oder -dezentralisation und zu weniger Hierarchieebenen führt, liegen widersprüchliche Ergebnisse vor. Sie lassen sich mit vernachlässigten Einflußfaktoren (gleichzeitiges Größenwachstum, technische und organisatorische Gestaltungsmöglichkeiten der EDV, → F 275) erklären.

287. Welche umweltbezogenen Gestaltungsthesen werden abgeleitet?
(276–279, 282–286)

Je d y n a m i s c h e r oder u n s i c h e r e r die Umwelt ist, desto mehr Entscheidungsdezentralisation ist erforderlich und desto weniger programmierbar sind die Leitungsaufgaben.

Die Subsysteme sind auf ihre Umweltausschnitte abgestimmt zu strukturieren: Je unsicherer die Subumwelt einer Abteilung ist, desto niedriger ist der Formalisierungsgrad, desto längerfristiger die Perspektive und desto breiter das Zielspektrum der Führungskräfte (u m w e l t g e r e c h t e S y s t e m d i f f e r e n z i e r u n g).

Die Grundform der V e r r i c h t u n g s o r g a n i s a t i o n (mit hoher Entscheidungszentralisation und Plan- und Programmkoordination) ist für stabile, sichere Produkt-Markt-Bedingungen effizient. Sie muß bei zunehmender V e r s c h i e d e n a r t i g k e i t der Umweltsegmente wegen der komplexen Interdependenzen (→ F 250) durch komplexe strukturelle Koordinationsmechanismen (z. B. Kollegien, Zentralstellen) ergänzt werden. Für heterogene und unsichere Produkt-Markt-Bedingungen empfiehlt sich die O b j e k t o r g a n i s a t i o n, die infolge schwächerer Interdependenzen einen geringeren Koordinationsaufwand mit hoher Differenzierung verbindet (Multistabilität, → B 7/F 240).

288. Beurteilen Sie den Aussagegehalt der empirischen Organisationsforschung.
(245–247, 251 f., 259 f., 264 f., 266 f., 269 f., 273 f., 280 f., 284, 342)

Die Ergebnisse sind nur b e g r e n z t aussagefähig, vergleichbar und anwendbar, weil die Untersuchungen

- vielfach m e t h o d i s c h e S c h w ä c h e n aufweisen (insbesondere Operationalisierungsmängel, unzureichende Stichproben, nicht beachtete Anwendungsvoraussetzungen statistischer Verfahren), vgl. F 284;

- meist m o n o k a u s a l angelegt sind, d. h. jeweils isoliert den Einfluß einzelner Kontextvariablen, nicht aber komplexer Kontextkonstellationen betrachten;

- meist – z. T. auswertungsbedingt – v e r e i n f a c h t e K a u s a l b e z i e h u n g e n unterstellen, die den mehrstufigen, wechselseitigen, dynamischen Abhängigkeiten der Realität (z. B. Rückwirkungen von der Struktur auf den Kontext) nicht gerecht werden;

- auf Q u e r s c h n i t t e r h e b u n g e n beruhen, die als zeit p u n k t bezogene Momentaufnahmen zeitliche Ursache-Wirkungs-Abläufe vernachlässigen; dynamische L ä n g s s c h n i t t u n t e r s u c h u n g e n, die eher Kausalschlüsse zulassen, sind sehr aufwendig und bisher auf Einzelfall-Studien beschränkt;

- über ihre nach Organisationstypen oder -größen b e s c h r ä n k t e n U n t e r s u c h u n g s f e l d e r hinaus nicht ohne weiteres verallgemeinerbar sind;

- im Hinblick auf die p r a k t i s c h e A n w e n d u n g oft noch zu abstrakte Variablen benutzen, kaum Aussagen über die Anwendungsbedingungen komplexer Organisationsformen enthalten und

- keine gegenüber dem gegenwärtigen S t a t u s q u o neuartigen, vielleicht besseren Gestaltungsalternativen aufzeigen.

Dennoch tragen die empirischen Untersuchungen als e x p l o r a t i v e , h e u r i s t i s c h e Studien zum schrittweisen Wissensfortschritt bei.

289. Kennzeichnen Sie die S t a d i e n k o n z e p t e d e s organisatorischen S y s t e m w a n d e l s . (330–341)

Aufgrund historischer Fallstudien der Unternehmungsentwicklung (Chandler), komparativ-statischer Erhebungen über die Häufigkeit verschiedener Strategien und Strukturformen (Scott und Mitarbeiter) und logisch-deduktiver Überlegungen werden allgemeine o r g a n i s a t o r i s c h e E n t w i c k l u n g s s t u f e n abgeleitet und auf dominante Kontextbedingungen zurückgeführt.

290. Vergleichen Sie die Stadienkonzepte von Chandler, Scott und Greiner.
(330 f., 333–335, 338–340)

C h a n d l e r versucht anhand der Entwicklungsgeschichte von vier amerikanischen Großunternehmungen seine These zu belegen, daß d i e S t r a t e g i e (langfristig orientierte Zielsetzung, Ressourcenaufteilung und -entwicklung) d i e S t r u k t u r b e s t i m m t. Er unterscheidet vier historische Wachstumsphasen:

- E x p a n s i o n u n d R e s s o u r c e n a k k u m u l a t i o n durch vertikale Konzentration in vor- und nachgelagerte Produktions- und Absatzstufen;
- R a t i o n a l i s i e r u n g der angehäuften Ressourcen mithilfe zentralisierter Verrichtungsorganisation;
- f o r t g e s e t z t e s W a c h s t u m durch Diversifikation innerhalb einer Produktfamilie mithilfe von Forschung und Entwicklung;
- R a t i o n a l i s i e r u n g d e r e r w e i t e r t e n R e s s o u r c e n mithilfe der Objektorganisation.

Nach S c o t t verläuft die Strukturentwicklung mit zunehmender Marktausweitung, Produkt- und Absatzwegdiversifizierung

- von der p e r s o n a l - p a t e r n a l i s t i s c h vom Gründer-Pionier geführten K l e i n u n t e r n e h m u n g
- über die integrierte V e r r i c h t u n g s o r g a n i s a t i o n
- zur O b j e k t o r g a n i s a t i o n.

Nach G r e i n e r (vgl. Abb. 21) wechseln e v o l u t i o n ä r e W a c h s t u m s p h a s e n mit lediglich marginalen Anpassungen innerhalb des jeweils vor-

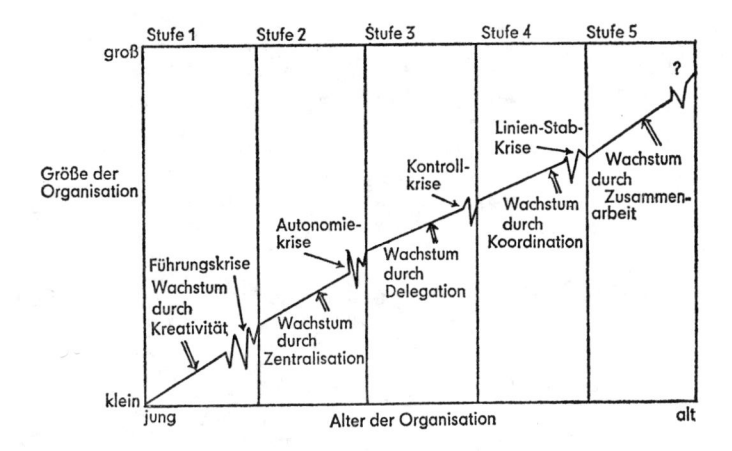

Abbildung 21

herrschenden Organisations- und Führungsmusters und **krisenhafte Revolutionsphasen**, die tiefgreifende Organisationsveränderungen auslösen, miteinander ab. Hohe Wachstumsraten der Unternehmung oder Branche verkürzen, anhaltend hohe Gewinne verlängern die Evolutionsphasen.

291. Wie lassen sich gegenwärtige Organisationsunterschiede zwischen den Unternehmungen historisch erklären? (332 f., 338 f.)

Gegenwärtige Strukturunterschiede werden auf

- unterschiedliches Marktwachstum und Gewinnpotential (Greiner → F 290) in der Vergangenheit und

- auf das Beharrungsvermögen der bei der Unternehmungsgründung oder Branchenentstehung installierten Struktur (Stinchcombe)

zurückgeführt.

VI. Abschlußtest

292. Unter welchen Voraussetzungen sind organisatorische Maßnahmen sinnvoll?

A r b e i t s t e i l u n g in zielgerichteten sozialen bzw. sozio-technischen Systemen erfordert eine geeignete organisatorische Strukturierung (Differenzierung und Integration), d. h. eine Verhaltensstabilisierung mithilfe einheitlicher, auf unbestimmte oder begrenzte Dauer angelegter Regelungen. Voraussetzung dafür sind hinreichende W i e d e r h o l u n g und V o r h e r s e h b a r k e i t von Aufgaben und Aktivitäten. Je besser-strukturiert und damit operational beherrschbar die Problemstellungen, desto mehr sind sie organisatorischer Gestaltung zugänglich.

Die O r g a n i s i e r b a r k e i t wird dadurch b e g r e n z t , daß die Lösung schlecht-strukturierter Probleme, die Anpassungsfähigkeit gegenüber veränderten systeminternen und -externen Bedingungen und das menschliche Verhalten Dispositionsspielräume (organisatorische Freiheitsgrade) erfordern.

(→ B 2 / F 40 – 42, 47; B 5 / F 137, 145; B 7 / F 216, 228, 230, 231, 241)

293. Welche Gesetze stecken den rechtlichen Rahmen der Führungsorganisation ab? Skizzieren Sie die entsprechenden Regelungen.

Für Aktiengesellschaften (AG), Kommanditgesellschaften auf Aktien (KGaA) und Konzernunternehmungen regelt das A k t i e n g e s e t z (insbesondere §§ 76–147, 278, 283–288, 308–311, 323) die Rechte und Pflichten von

- H a u p t v e r s a m m l u n g (Legislativorgan aus Aktionären bzw. deren Vertretern, wählt den)
- A u f s i c h t s r a t (Kontrolle des und ggf. Vetorecht gegen Entscheidungen des Vorstandes, bestellt den)
- V o r s t a n d (kollegiales Geschäftsführungsorgan: Leitung, Vertretung der Gesellschaft nach außen); an seine Stelle treten bei KGaA die persönlich haftenden Gesellschafter.

Der M i t b e s t i m m u n g von Arbeitnehmervertretern im A u f s i c h t s r a t (AR) unterliegen

- nach §§ 76-77 a B e t r i e b s v e r f a s s u n g s g e s e t z v o n 1 9 5 2[1]) Kapitalgesellschaften[2]), Erwerbs- und Wirtschaftsgenossenschaften mit mehr als 500 Arbeitnehmern (e i n f a c h e Mitbestimmung: 1/3 von der Belegschaft gewählte Arbeitnehmervertreter im AR):

---

[1]) Fortgeltung laut § 129 I Betriebsverfassungsgesetz von 1972.
[2]) Das BVG 1952 nennt im einzelnen: AG KGaA, GmbH, bergrechtliche Gewerkschaften mit eigener Rechtspersönlichkeit, Versicherungsvereine auf Gegenseitigkeit.

- nach dem **Mitbestimmungsgesetz** von 1951 Kapitalgesellschaften[3]) der Montanindustrie[4]) mit mehr als 1000 Arbeitnehmern, nach dem **Mitbestimmungsergänzungsgesetz** von 1956 auch Obergesellschaften überwiegend im Montanbereich tätiger Konzerne (**paritätische** Mitbestimmung: gleich viele Anteilseigner- und Arbeitnehmervertreter und ein „neutraler Mann" im AR; **Arbeitsdirektor** im Vorstand).

Das **Betriebsverfassungsgesetz** von 1972 erweiterte

- die Informations-, Initiativ-, Beratungs- und Mitentscheidungsrechte der gewählten betrieblichen **Arbeitnehmervertretungen: Betriebsrat** (§§ 1, 7–41, 47–59) und Jugendvertretung (§§ 60–73) sowie des Wirtschaftsausschusses (§§ 106–109) in sozialen, arbeitsorganisatorischen, personellen und wirtschaftlichen Angelegenheiten (§§ 74–80, 87–112); der Betriebsrat kann bei Verletzung seiner Rechte sowie in speziellen Fällen (§§ 98 V, VI; 101, 104) das Arbeitsgericht anrufen;

- die **Rechte der Arbeitnehmer**, sich hinsichtlich ihrer individuellen Arbeitsbedingungen, Leistungsbeurteilung und Entlohnung persönlich zu informieren, Vorschläge und Beschwerden vorzubringen (§§ 81–86), über die wirtschaftliche Lage des Betriebes unterrichtet (§ 110), in Betriebs- oder Abteilungsversammlungen von Betriebsrat und Arbeitgeber informiert und angehört zu werden (§§ 42–46) und in bestimmten Fällen beim Arbeitsgericht Klage auf Nachteilsausgleich zu erheben (§ 113).

294. Das Betriebsverfassungsgesetz gewährt den Arbeitnehmern und ihrer Vertretung (Betriebsrat) Informations-, Mitsprache-, Mitentscheidungs- und Kontrollrechte bei Entscheidungen mit sozialen, personellen und arbeitsorganisatorischen Inhalten bzw. Konsequenzen. Welche Folgen hat das für Organisation und Führung von Unternehmungen?

Für die Problembereiche, in denen der Betriebsrat direkt mitentscheidet, entsteht eine **zweipolige Entscheidungsstruktur**. Die daraus entstehenden „**Matrixkonflikte**" können produktive wie dysfunktionale Wirkungen haben (→ B 8 / F 265). Für Streitfälle sieht § 76 BVG eine paritätische Einigungsstelle mit einem neutralen Vorsitzenden (ersatzweise eine tarifliche Schlichtungsstelle) vor.

Hinsichtlich der Informations- und Initiativrechte können **stab-linien-ähnliche Konflikte** entstehen (vgl. B 8/F 258). Dabei können die Rollen wechseln: So kann die Betriebs- oder Unternehmungsleitung (z. B. bei geplanten Betriebsverlagerungen) einen Informationsvorsprung, der Betriebsrat jedoch einen größeren Einfluß (Überzeugungskraft) auf die betroffenen Arbeitnehmer haben. Umgekehrt kennt der **Betriebsrat** vielleicht die Ursachen personeller und

---

[3]) AG, GmbH, bergrechtliche Gewerkschaften mit eigener Rechtspersönlichkeit.
[4]) Kohle- und Eisenerzbergbau, Eisen- und Stahlerzeugung.

sozialer Konflikte im Betrieb besser. Der Betriebsrat kann also eine Vermittler- oder I n t e g r a t o r e n rolle übernehmen.

Das BVG erfordert eine kooperative (aufgaben- u n d personenbezogene), informations- und zukunftsorientierte Führung.

295. Über welche Stufen vollzieht sich die Entwicklung zur multinationalen Mehrproduktunternehmung?

Grundsätzlich bieten sich z w e i alternative strategisch-organisatorische Entwicklungspfade (E 1, E 2) an (Abb. 22).

S = Strategie
O = Organisationsform

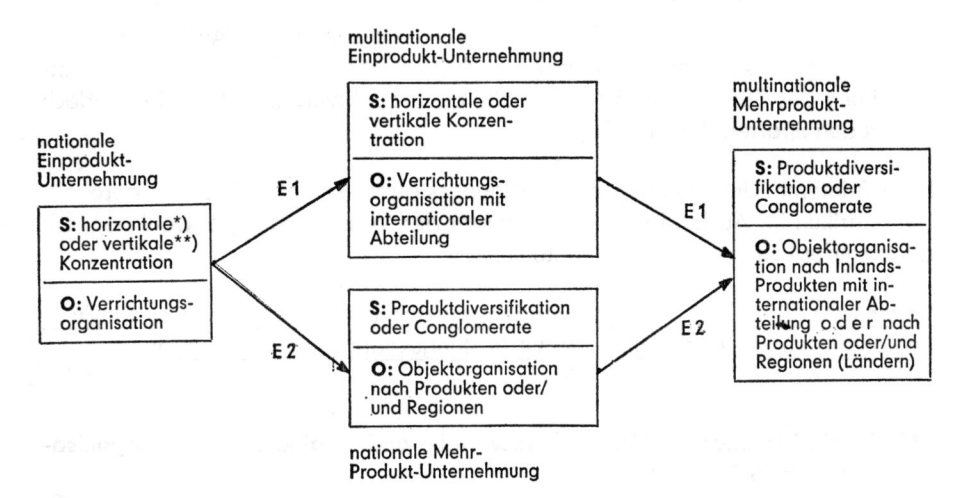

nationale Einprodukt-Unternehmung
- S: horizontale*) oder vertikale**) Konzentration
- O: Verrichtungsorganisation

multinationale Einprodukt-Unternehmung
- S: horizontale oder vertikale Konzentration
- O: Verrichtungsorganisation mit internationaler Abteilung

nationale Mehr-Produkt-Unternehmung
- S: Produktdiversifikation oder Conglomerate
- O: Objektorganisation nach Produkten oder/und Regionen

multinationale Mehrprodukt-Unternehmung
- S: Produktdiversifikation oder Conglomerate
- O: Objektorganisation nach Inlands-Produkten mit internationaler Abteilung o.d e r nach Produkten oder/und Regionen (Ländern)

*) auf einem Produktmarkt gleicher Stufe

**) in vor- oder nachgelagerte Produktions- und Absatzstufen

Abbildung 22

296. Wie läßt sich die in Abb. 23 (S. 48a) dargestellte Organisationsstruktur kennzeichnen[1])?

Abb. 23 zeigt die nach den d r e i D i m e n s i o n e n Produkt, Verrichtung, Region gegliederte m a t r i x a r t i g e Führungsorganisation einer weltweit operierenden Mehrproduktunternehmung der elektrotechnischen Industrie.

Unterhalb von Aufsichtsrat (oberstes Kontrollorgan) und Vorstand (kollegiale Gesamtleitung) sind angeordnet:

- die U n t e r n e h m e n s b e r e i c h e (UB) mit weltweiter Entscheidungskompetenz und -verantwortung für Entwicklung, Fertigung und Absatz ihrer P r o d u k t g r u p p e n ;
- die weltweit für f u n k t i o n a l e Unterstützung Kontrolle, Koordination und Rahmenrichtlinien zuständigen Z e n t r a l b e r e i c h e (ZBer).

Auf der nächsten Ebene sind die Unternehmensbereiche in sich ebenfalls nach Produkten (Geschäftsbereiche – GB) und Funktionen (ein oder mehrere Hauptbereiche – HB) gegliedert, die Zentralbereiche in funktionale Hauptbereiche.

Die r e g i o n a l e Verantwortung liegt

- für den Inlandsvertrieb bei den Zweigniederlassungen, im Ausland bei den Landesgesellschaften (Vertrieb, oft auch Produktion). Beide sind der Gesamtleitung des ZBer „Vertrieb" unterstellt, die Produktverantwortung liegt jedoch bei den Sparten (UB und GB).

Die UB-interne Unterstellung der Fertigungsstätten ist unterschiedlich geregelt. Die Fabriken im Ausland sind bei abgegrenzter Verantwortung sowohl dem UB als auch der Landesgesellschaft unterstellt.

<u>Vereinfacht läßt sich die Organisationsstruktur als objektorientierte Produkt-Regional-Matrix mit überlagernder Verrichtungskoordination kennzeichnen.</u>

297. Worin bestehen die Anwendungsvorteile und -probleme dieser Organisationsstruktur?

Die dreidimensionale matrixartige Grundstruktur soll zugleich

- eine hohe A n p a s s u n g s f ä h i g k e i t gegenüber differenzierten Umweltbedingungen, besonders auf den Absatz- und Beschaffungsmärkten (durch Entscheidungsdezentralisation auf die Produktbereiche und Regionaleinheiten), und

---

[1]) Abb. 23 und die Lösungsvorschläge zu F 296–298 stützen sich auf von uns frei bearbeitete Informationen der Siemens AG, München, für deren Unterstützung wir hiermit danken.

- eine für die Gesamtunternehmung **effiziente Ressourcenbeschaffung und -nutzung** (durch funktionale Rahmenkoordination und Unterstützung seitens der Zentralbereiche)

ermöglichen.

Die Matrixstruktur legt durch systematische Kompetenzüberlappungen sachliche **Konfliktpotentiale** offen, um eine einseitige Problemsicht zu verhindern und so die **Qualität komplexer Entscheidungen** zu verbessern. Dies erfordert jedoch flexible laterale (problembezogene) Kommunikations- und Koordinationsmechanismen, hohe Kooperationsfähigkeit der Führungskräfte, einen einheitlichen Orientierungsrahmen und für Routineaufgaben formalisierte Abläufe mit genauer Kompetenzabgrenzung, um die „**Reibngsverluste**" (z. B. unzumutbare Entscheidungsverzögerungen, unproduktive persönliche Konflikte) möglichst niedrig zu halten.

(→ B 8/F 251, 265).

298. Wie kann die notwendige problem- und gesamtunternehmungsbezogene Koordination erreicht werden? Beachten Sie, daß über die Produktbereichs- und Landesgrenzen hinweg komplexe unternehmungsinterne Lieferungs- und Leistungsverflechtungen bestehen.

Die **problembezogene** (laterale) Koordination kann durch

- regelmäßig oder ad hoc zusammentretende **Kollegien** (Komitees, Führungskreise, Ausschüsse, Konferenzen),
- **Projektgruppen** für Innovationsaufgaben,
- **Verbindungs- und Koordinationsstellen**, insbesondere für wiederkehrende Dispositionsentscheidungen,
- (informale) **Rückkopplungsinformationen**

erfolgen.

Zur **Gesamtkoordination** lassen sich einsetzen:

- eine formalisierte periodische **Unternehmungsplanung**, an der entsprechend der dezentralen Organisationsstruktur alle Führungsbereiche und -ebenen durch **Zielvereinbarung** (MbO) mitwirken;
- vom Marktpreis abgeleitete **Verrechnungspreise** im internen Lieferungs- und Leistungsverbund zwischen den als **Ertragszentren** (profit centers) geführten Unternehmens-, Geschäftsbereichen, Werken und Regionaleinheiten.

Die betrachtete Unternehmung wendet beide Koordinationsmechanismen an.

(→ B 8/F 256; ferner B 4/F 88; B 5/F 136–138, 142, 143; B 6/F 195–197; B 8/F 252, 253, 257–262, 270, 271).

299. Welche Organisationsstruktur herrscht bei Banken, Versicherungen und großen Handelsunternehmungen vor?

Die meisten Banken, Versicherungen und großen Handelsunternehmungen sind nach dem F i l i a l p r i n z i p in r e g i o n a l e Einheiten gegliedert, die innerhalb formaler Richtlinien der Zentrale nach dem Prinzip des M a n a g e m e n t b y E x c e p t i o n

- Geschäfte bis zu einer bestimmten Größenordnung oder/und
- bestimmte kundenbezogene Funktionen (z. B. bei Versicherungen: Akquisition, Schadensabwicklung)

selbständig wahrnehmen.

Den Filialen (Zweigniederlassungen, Zweigstellen) stehen die Z e n t r a l a b t e i l u n g e n gegenüber, die für bestimmte F u n k t i o n e n bzw. G e s c h ä f t s z w e i g e

- ganz zuständig sind oder die dafür (insbesondere bei Großkunden) verantwortliche Gesamtleistung unterstützen (zentralisiert sind z. B. meist die Funktionen: Einkauf im Handel; Vermögensanlagen, rechnungstechnische Abwicklung von Versicherungen sowie die Geschäftszweige: Großkredite, Wertpapieremissionen bei Banken),
- die (Rahmen-)Koordination und Unterstützung der Filialen übernehmen.

Ähnlich sind die Filialen in sich funktional und/oder nach Geschäftszweigen gegliedert (z. B. bei Bankfilialen: Aktivgeschäft (Kredite), Passiv- und Dienstleistungsgeschäft (Einlagen, Wertpapierhandel, Zahlungsverkehr), Buchhaltung/Organisation).

300. Vergleichen Sie die dargestellten Ansätze der Organisationsforschung.

Abb. 24 zeigt in s t i l i s i e r e n d e r Betrachtung die Unterschiede und Gemeinsamkeiten der Organisationsansätze.

(→ B 3/F 52, 63, 66; B 4/F 67, 81, 94; B 5/F 100, 150; B 6/F 151, 153, 192, 197; B 7/F 199, 200, 209, 210, 228; B 8/F 246, 248, 274, 280, 289).

Welche Organisationstheorie ist Ihrer Ansicht nach geeignet, der Lösung komplexer Organisationsprobleme näherzukommen?

Versuchen Sie sich nach dem Studium dieses Buches eine Antwort zu geben.

		Wissenschaftsziel	Aspekt	Menschenbild	Erkenntnisgewinnung	Aussagencharakter
Aspektorientierte Ansätze	Klassik	pragmatisch	Aufgabe	mechanistisch – zweckrational (economic man)	logisch-deduktiv	terminologisch, ideal-praxeologisch
	Neoklassik	pragmatisch	Mensch	sozio-emotional motiviert (social man)	Induktivschlüsse aus Feld- und Laborexperimenten	(ideal-)praxeologisch
	Entscheidungsorientierte Ansätze					
	– mathematisch-statistisch	pragmatisch	Struktur der Entscheidung(saufgabe)	rational handelnd	logisch-deduktiv	ideal-praxeologisch
	– verhaltenswissenschaftlich	theoretisch	Informations- und Entscheidungsprozesse (menschliches Verhalten)	beschränkt-rational (administrative man)	experimentell, empirisch	deskriptiv, empirisch-kognitiv, ansatzweise real-praxeologisch
Systemorientierte Ansätze	Informationstechnologischer Ansatz	pragmatisch	Sachmittel	eher mechanistisch-zweckrational	logisch-deduktiv	ideal-praxeologisch
	Allgemeine Systemtheorie	theoretisch	integrativ	abhängig von der betrachteten Systemebene	Analogieschluß	terminologisch, deskriptiv
	– Kybernetik	theoretisch, pragmatisch	dynamische Systeme		deduktiv, Black-Box-Betrachtung	deskriptiv, ideal-praxeologisch
	empirisch-soziologische Organisationsforschung	theoretisch	Kontext – Struktur (– Effizienz)	(Rollenträger)	empirisch	empirisch-kognitiv
	Gestaltungsansätze	pragmatisch	Kontext – Struktur – Effizienz (als Wahlproblem)	differenziert (complex man)	logisch-deduktiv unter Einbeziehung empirischer Erkenntnisse	ideal- und real-praxeologisch

Abbildung 24

Prof. Dr. Friedrich Hoffmann

Entwicklung der Organisationsforschung

2., überarbeitete und erweiterte Auflage

Band 1 der Schriftenreihe „Das Organisationssystem der Unternehmung"
Herausgeber: Prof. Dr. Friedrich Hoffmann, Universität Augsburg

398 Seiten, ISBN 3 409 31257 9 broschiert 42,80 DM
ISBN 3 409 31255 2 Leinen 49,40 DM

Die Entwicklung der Organisationsforschung zeigt — besonders in den letzten Jahren — einen beachtlichen theoretischen Fortschritt. Das vorliegende Buch stellt den Versuch dar, das vorhandene Wissen über die Organisation der Unternehmung — als Ergebnis der Organisationsforschung — zu ordnen, zu analysieren und kritisch auf seinen Anwendungsbezug zu untersuchen. Die z w e i t e A u f l a g e wurde im besonderen um die Ergebnisse empirischer Forschungsarbeiten erweitert.

Ausgangspunkt des Buches bildet eine Darstellung der wissenschaftstheoretischen Grundhaltung. Realer Bezug und interdisziplinäre Offenheit stellen darin tragende Pfeiler dar. Im einzelnen werden behandelt: der klassische Ansatz mit seinem aufgabenlogischen Gliederungszusammenhang; der neoklassische Ansatz mit seiner sozialpsychologischen Orientierung; der entscheidungstheoretische Ansatz, der den Informationsaspekt in den Vordergrund seiner Betrachtung stellt; und der systemtheoretische Ansatz, der eine problemorientierte Integration der aspektorientierten Ansätze anstrebt.

Die dargestellten Erkenntnisse der Organisationsforschung können bei der Gestaltung zukunftsorientierter Organisationssysteme wertvolle Hilfestellung leisten. Das Buch bietet somit dem Studenten eine systematische Aufbereitung fortgeschrittener Lerninhalte seines Fachs und dem Praktiker Anregungen zur Lösung seiner Organisationsprobleme. Die umfangreiche Literaturdokumentation sowie ein ausführliches Stichwort- und Autorenverzeichnis erfüllen enzyklopädische Ansprüche.

I n t e r e s s e n t e n : Dozenten und Studierende der Wirtschaftswissenschaften an Universitäten, Fachhochschulen, Akademien usw. — Manager, Abteilungsleiter, Führungsnachwuchs in Wirtschaft und Verwaltung — Organisatoren, Organisationsberater, Betriebsberater u. a. m.

Betriebswirtschaftlicher Verlag Dr. Th. Gabler · Wiesbaden

Prof. Dr. Friedrich Hoffmann und Dr. Rolf Bühner

Organisationsgestaltung
— Probleme, Konzeptmerkmale und Ergebnisse —

Band 5 der Schriftenreihe der Zeitschrift für Betriebswirtschaft
Herausgeber: Prof. Dr. Dr. h. c. mult. Erich Gutenberg

Ca. 50 Seiten

Das Streben nach praktisch verwertbarem Organisationswissen hat in jüngster Zeit zur Entwicklung von Ansätzen oder Konzepten geführt, die auf den Merkmalen eines sukzessiven Gestaltungsprozesses und eines totalen Gestaltungsumfanges basieren. Aus der fehlenden Angabe der Anwendungsbedingungen in den klassischen Aussagen und der einseitigen Humanorientierung neoklassischer Aussagen wird gelernt. Das Organisationsproblem liegt in der Feststellung der Zielrelevanz von Organisationsmaßnahmen unter Berücksichtigung der geltenden Bedingungskonstellationen. Lösungsmöglichkeiten für die mit dieser Entscheidungsaufgabe verbundenen Probleme und hieraus resultierende Gestaltungsaussagen sind Gegenstand dieser Abhandlung.

Die ursprüngliche Fassung dieser Arbeit war in Aufsatzform konzipiert. Die hieraus resultierende knappe Darstellung wurde im wesentlichen beibehalten. Der Grund liegt in dem Anliegen der Verfasser, Einblick, Überblick und Anregungen zur Organisationsgestaltung zu geben: dem Praktiker eine gedrängte Übersicht über Problemhilfen; dem Wissenschaftler eine Standortbestimmung zur Mithilfe bei der Lösung anstehender Organisationsprobleme.

Aus dem Inhalt: Organisationsgestaltung als Handlungszwang — Probleme der Organisationsgestaltung — Klassifikationsmerkmale der neueren Ansätze — Empirische Ansätze — Logisch-axiomatische Ansätze — Geplant-evolutionäre Ansätze — Ausblick.

Betriebswirtschaftlicher Verlag Dr. Th. Gabler, 62 Wiesbaden, Taunusstraße 54